LES MÉTIERS DU SOCIAL

SOMMAIRE

MÉTIERS

Un mot que vous ne comprenez pas ? *Consultez le lexique p. 140.*

ÉTUDES

Les repères

Les filières

Mon parcours

EMPLOI

Mes débuts

GUIDE PRATIQUE

MODE D'EMPLOI

Pour mieux se repérer entre les différentes parties de ce « Parcours ».

MÉTIERS

Un métier, c'est :
- *un pro qui raconte ;*
- *les rubriques :*
  - *Quel salaire ?*
  - *Ça recrute ?*
  - *Quels débuts ?*
  - *Quelle évolution ?*
- *les formations qui mènent à ce métier.*

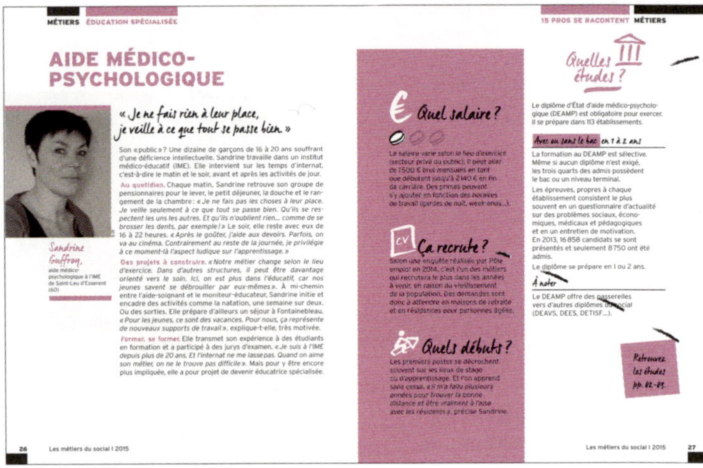

De A à Z, 26 métiers du secteur en fiches.

Retrouvez tous les mots soulignés expliqués dans le lexique.

ÉTUDES

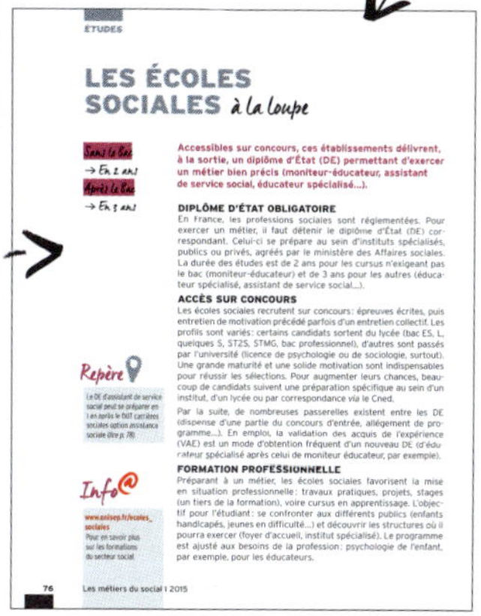

Filière par filière, retour sur l'essentiel à savoir.

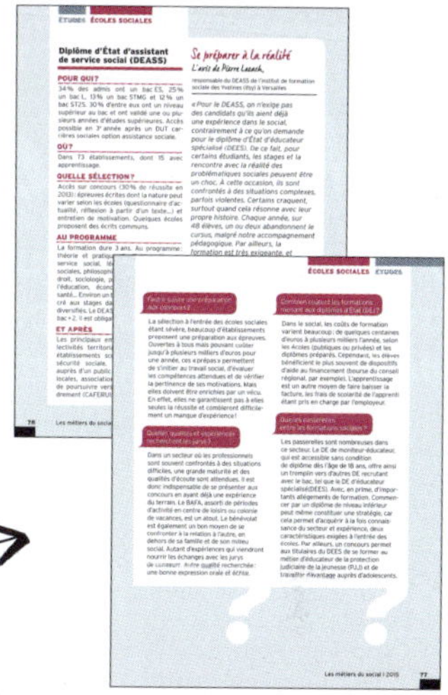

En complément, nos réponses à vos questions les plus fréquentes et des fiches diplômes.

EMPLOI

En un clin d'œil, le panorama des entreprises et de ce qu'il faut retenir de l'emploi dans ce secteur.

GUIDE PRATIQUE

- Le carnet d'adresses avec la liste de toutes les formations ;
- lexique ;
- index.

LE SECTEUR EN BREF

Côté métiers

Apporter aide et soutien aux plus fragiles ou aux personnes qui traversent une période difficile, c'est la mission des professionnels du social.

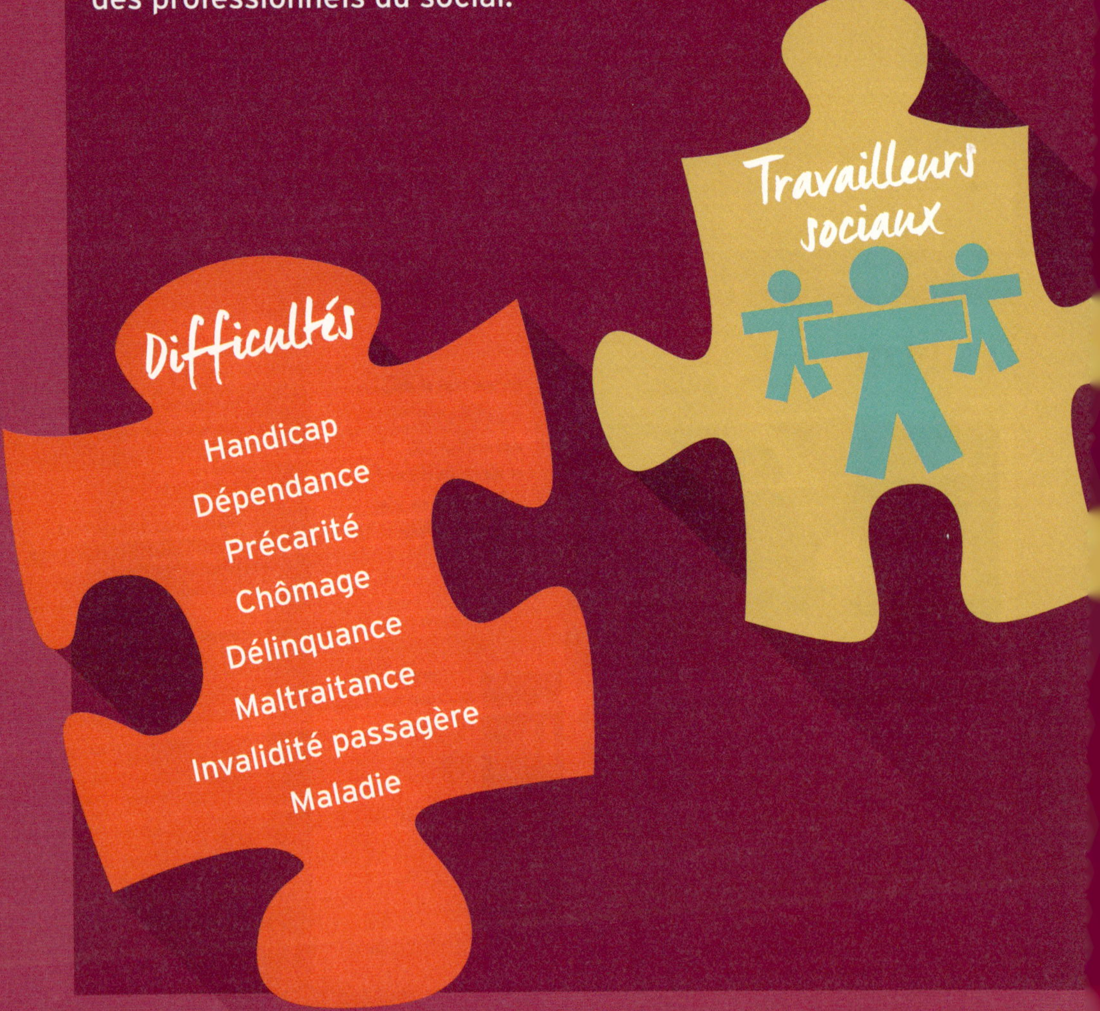

Côté études

- Des formations à tous les niveaux
- Un diplôme d'État obligatoire pour exercer certains métiers
- Une sélection souvent sur concours, des candidats nombreux
- Des expériences de terrain (animation, bénévolat, service civique) recommandées

Missions

Aider
Informer
Conseiller
Éduquer
Former
Accompagner
Protéger
Réinsérer

Côté emploi

- Des recrutements à la hausse, surtout auprès de personnes âgées et handicapées
- Des débuts souvent à temps partiel
- Des métiers passionnants, exigeant une grande motivation
- Une solidité psychologique indispensable

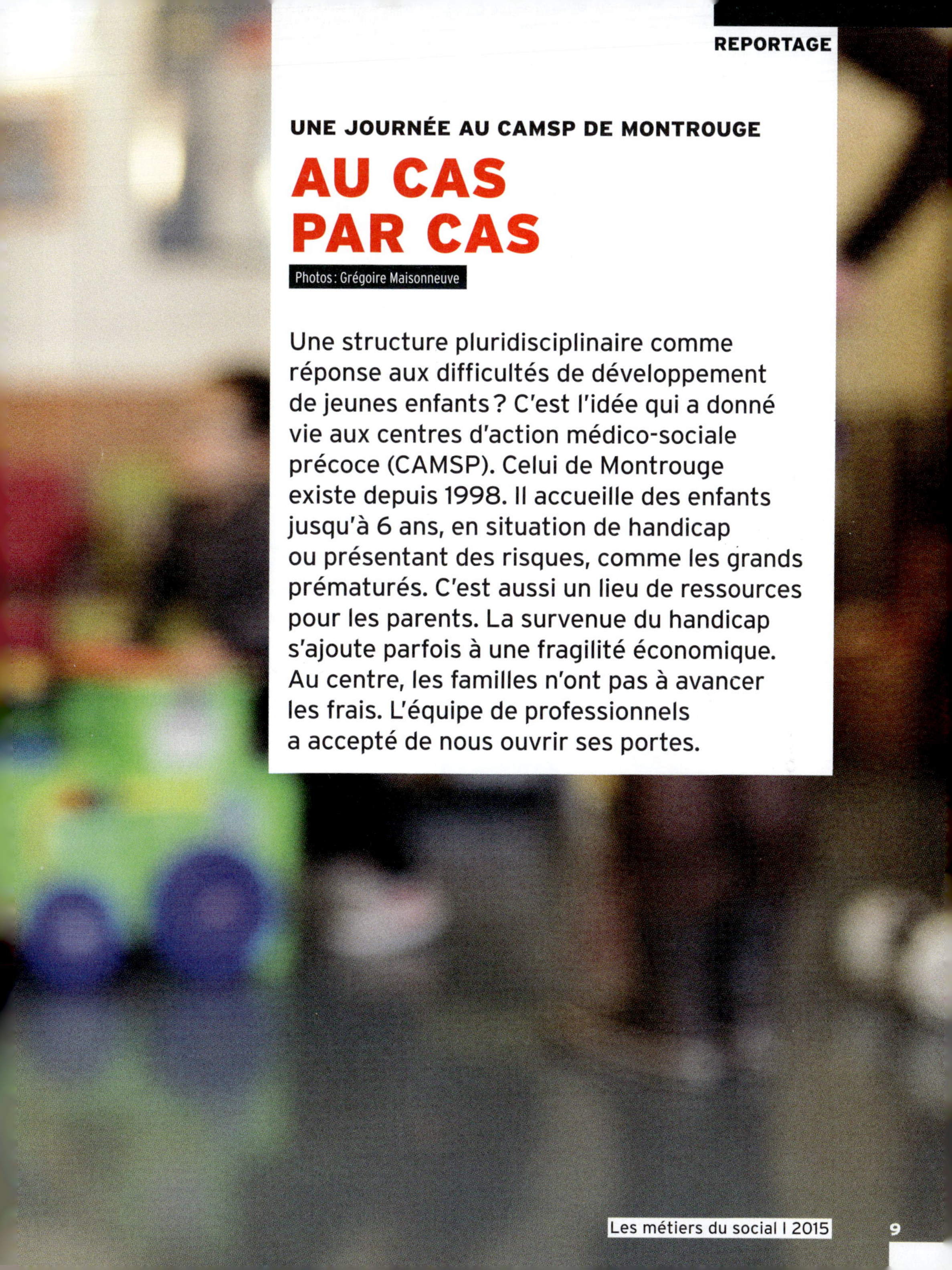

UNE JOURNÉE AU CAMSP DE MONTROUGE

AU CAS PAR CAS

Photos : Grégoire Maisonneuve

Une structure pluridisciplinaire comme réponse aux difficultés de développement de jeunes enfants ? C'est l'idée qui a donné vie aux centres d'action médico-sociale précoce (CAMSP). Celui de Montrouge existe depuis 1998. Il accueille des enfants jusqu'à 6 ans, en situation de handicap ou présentant des risques, comme les grands prématurés. C'est aussi un lieu de ressources pour les parents. La survenue du handicap s'ajoute parfois à une fragilité économique. Au centre, les familles n'ont pas à avancer les frais. L'équipe de professionnels a accepté de nous ouvrir ses portes.

ACCUEILLIR

Psychologue et psychomotricienne de formation, Sylviane est la **directrice du centre**. Elle s'assure du bon fonctionnement de l'établissement, coordonne l'action des professionnels, soignants et travailleurs sociaux. Son rôle auprès des familles constitue aussi une part essentielle de son travail. C'est elle qui les reçoit pour le premier entretien, au cours duquel elle fait le point sur la situation et les besoins. *« Un enfant seul n'existe pas. Ce sont des familles que l'on accueille. Des familles inquiètes ou démunies face aux troubles de développement de leur enfant. Ou qui redoutent un éventuel handicap. »* Le **médecin** définit ensuite le projet de soins. ■

Intégration collective de jeunes enfants handicapés
érès
VOLUME 21 2009 NUMÉRO 1 DEVENIR
Devenir parents...
CLAUDE DELLA-COURTIADE
élever un enfant handicapé
tome 1
ESF éditeur
Précis théorique et pratique du développement moteur du jeune enfant L. Vaivre-Douret
ELSEVIER
le syndrome de Rett, une maladie génétique
AFSR
3
progrès en pédiatrie
maladies neuromusculaires
doin
marie-claude monchaux
bébé année zéro

ÉPAULER

Ces familles déstabilisées sont épaulées par Gwenaëlle, l'**assistante sociale**. En ce début de matinée, elle reçoit justement une maman dans son bureau, qui a besoin d'être guidée dans ses démarches administratives : demande d'un auxiliaire de vie scolaire (AVS) auprès de la maison départementale des personnes handicapées (MDPH), orientation de l'enfant vers une structure spécialisée… « *Informer les familles de leurs droits est une de mes missions. Je les mets en relation avec les organismes susceptibles de leur apporter une aide financière, technique ou humaine. En résumé, je m'occupe des enfants par le biais des parents.* »

Avant de donner des conseils, Gwenaëlle apporte une écoute. « *Pour une mère ou un père, l'annonce d'un handicap chez son enfant est souvent un choc, une blessure. Je prends avec chacun le temps qu'il faut. Mon objectif: nouer une relation de confiance.* » Elle travaille également en lien avec tous les professionnels et participe aux réunions de synthèse. ■

STIMULER

Camille est l'**éducatrice spécialisée** du centre. *« Les enfants que je suis ont des difficultés très variées. Je peux par exemple les aider à développer leurs capacités de concentration ou de communication. »* Camille travaille également beaucoup avec les parents. *« J'essaie de les soutenir dans leur rôle en les rassurant ou en les aidant à poser un cadre quand c'est nécessaire. »* Autre volet de sa mission : se rendre dans les crèches et les écoles des enfants suivis. *« J'épaule le personnel éducatif, qui n'est pas habitué à gérer certaines situations de handicap. »*

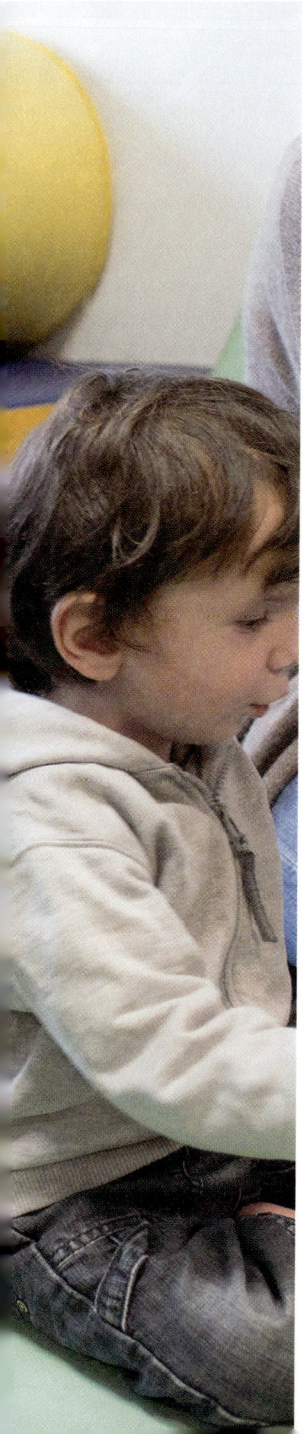

Avec Alice, la **psychomotricienne**, Camille coanime un groupe : Victor, Alexis et Maxime ont des difficultés motrices. À travers chants, jeux et activités, l'éducatrice observe les enfants et les aide à entrer en interaction. Les parents participent à la fin de la séance. Comme d'habitude, l'atelier se termine par une chanson. *« Un moyen ludique pour travailler sur les capacités de mémorisation et d'attention »*, ajoute Émilène, **psychologue**. ■

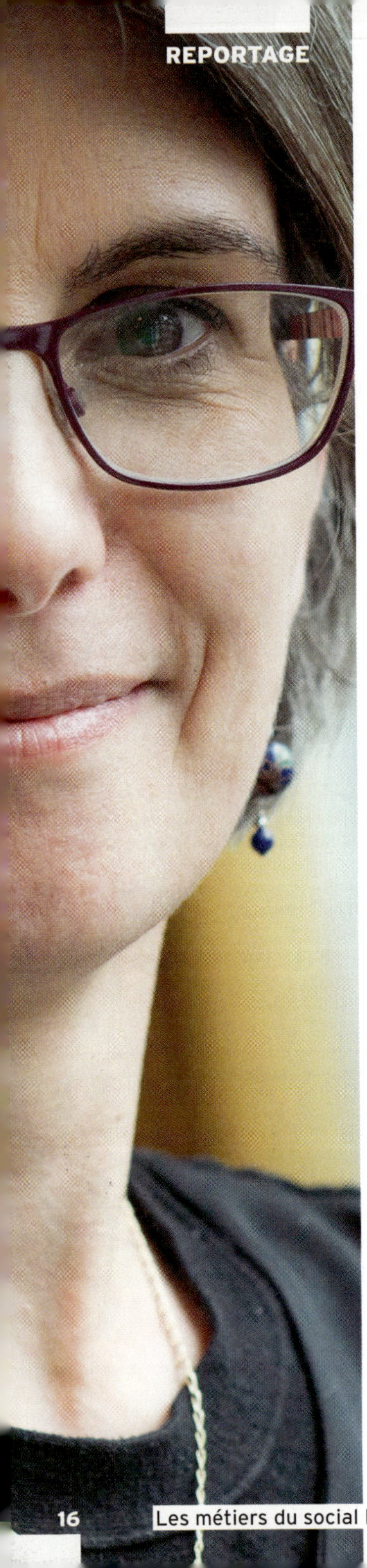

ÉCHANGER

Au CAMSP, la communication est centrale dans l'accompagnement des parents et des enfants, mais aussi au sein de l'équipe. *« Une fois par semaine, en petit groupe, nous faisons le point sur la situation de certains enfants, cas par cas »*, explique Catherine, **chef de service**. Avec le médecin référent, l'assistante sociale et les thérapeutes concernés (ergothérapeute, kinésithérapeute, orthophoniste...) cette « mini-synthèse » permet d'évaluer le type et le rythme des soins mis en place pour chaque enfant. Éventuellement de les modifier ou de les compléter.

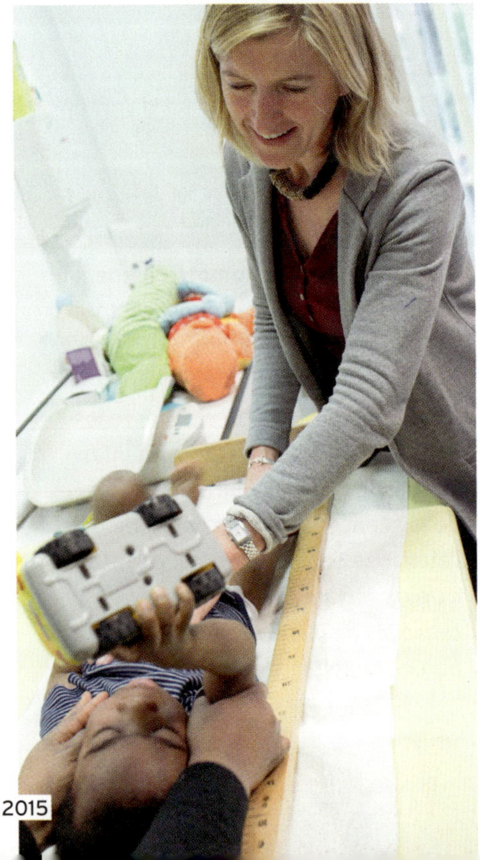

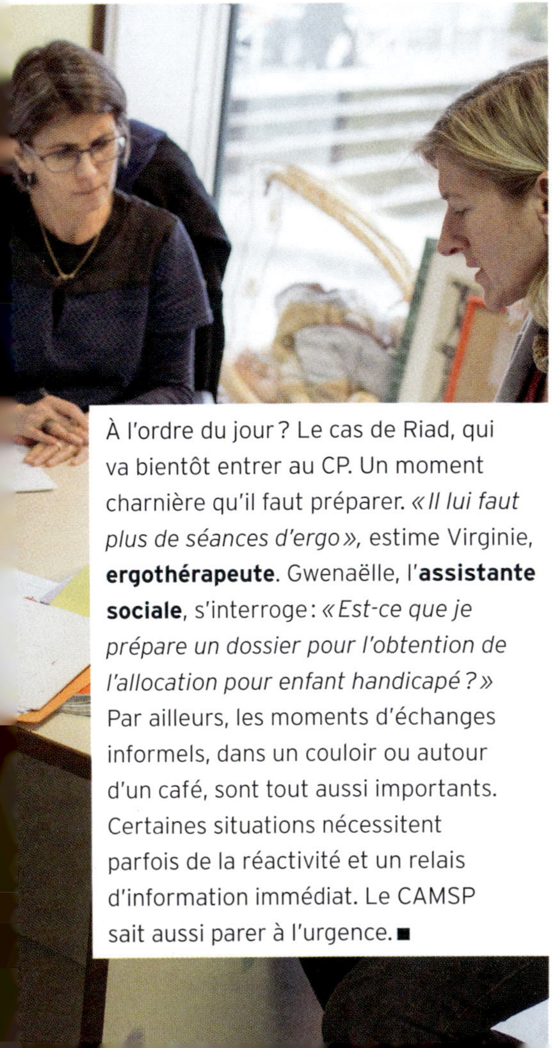

À l'ordre du jour ? Le cas de Riad, qui va bientôt entrer au CP. Un moment charnière qu'il faut préparer. *« Il lui faut plus de séances d'ergo »*, estime Virginie, **ergothérapeute**. Gwenaëlle, l'**assistante sociale**, s'interroge : *« Est-ce que je prépare un dossier pour l'obtention de l'allocation pour enfant handicapé ? »* Par ailleurs, les moments d'échanges informels, dans un couloir ou autour d'un café, sont tout aussi importants. Certaines situations nécessitent parfois de la réactivité et un relais d'information immédiat. Le CAMSP sait aussi parer à l'urgence. ■

MÉTIERS

LES MÉTIERS EN 5 FAMILLES

De multiples professionnels exercent dans le secteur social. Nous les avons regroupés en 5 familles. Présentation.

ÉDUCATION SPÉCIALISÉE

Inadaptation, handicap, délinquance... les pros de l'éducation spécialisée cherchent à développer l'autonomie, le sens des responsabilités et la curiosité des enfants et adultes auprès de qui ils travaillent. Lorsqu'ils accompagnent des mineurs, leur tâche devient plus délicate et requiert beaucoup de tact et de fermeté afin d'aider au mieux ces personnalités en devenir.

- **Aide médico-psychologique**
- **Animateur/trice socioculturel/le**
- **Auxiliaire de vie scolaire**
- **Chef/fe de service en établissement social**
- **Conseiller/ère pénitentiaire d'insertion et de probation**
- **Directeur/trice d'établissement ou de service d'intervention sociale**
- **Éducateur/trice de jeunes enfants**
- **Éducateur/trice de la PJJ**
- **Éducateur/trice spécialisé/e**
- **Éducateur/trice technique spécialisé/e**
- **Moniteur/trice d'atelier**
- **Moniteur/trice-éducateur/trice**
- **Psychologue**

AIDE SOCIALE

Leur cœur de métier ? L'accompagnement des plus fragiles. Grâce à leur connaissance des lois et du système administratif, ces professionnels délivrent informations et conseils. Leur but ? Permettre à leurs interlocuteurs de se loger, de se soigner, d'accéder à certaines aides financières... Montée de la précarité oblige, les défis ne manquent pas.

- **Assistant/e de service social**
- **Conseiller/ère en économie sociale et familiale**
- **Médiateur/trice familial/e**

AIDE À DOMICILE

Aider, écouter et soutenir des personnes fragiles dans leur quotidien, tel est le rôle des travailleurs à domicile. Ils interviennent sur le lieu de vie d'enfants, de familles, de personnes âgées ou handicapées. Avoir le sens du contact et savoir s'adapter est nécessaire pour exercer ces métiers.

- **Assistant/e familial/e**
- **Assistant/e maternel/le**
- **Auxiliaire de vie sociale**
- **Technicien/ne de l'information sociale et familiale**

INSERTION PROFESSIONNELLE

En entreprise, en milieu scolaire ou en mission locale, ces conseillers accompagnent les jeunes ou les adultes en difficulté vers la formation, l'emploi et l'insertion. Dans ce but, ils mobilisent à la fois leur expertise du monde de la formation et des dispositifs d'aide et leur connaissance des réalités du marché du travail.

- **Chargé/e de mission handicap**
- **Conseiller/ère d'orientation-psychologue**
- **Conseiller/ère en insertion sociale et professionnelle**

DÉVELOPPEMENT LOCAL

Analyser les besoins d'une population ou d'un quartier pour améliorer le quotidien et le vivre ensemble, c'est la mission de ces pros qui travaillent pour des collectivités locales ou des associations.

- **Agent/e de développement local**
- **Ingénieur/e social/e**
- **Médiateur/trice social/e**

ASSISTANTE DE SERVICE SOCIAL

© DR

Mireille Blancotte,
assistante de service social à l'Espace Paris Adoption

« L'adoption est un droit de l'enfant, non un droit à l'enfant. »

L'adoption, c'est la spécialisation qu'a choisie Mireille, assistante sociale depuis 20 ans. Aux côtés des travailleurs sociaux et des psychologues, elle aide dans leurs démarches les personnes désireuses d'adopter un enfant. Autre versant de son activité, elle accompagne les mères qui sont contraintes de faire adopter leur nouveau-né.

Vers l'agrément. Pour qui désire adopter, la première étape est l'obtention d'un agrément délivré par les services sociaux. Une longue procédure au cours de laquelle Mireille mène une véritable enquête. *« L'adoption est un droit de l'enfant, non un droit à l'enfant. Je dois m'assurer que les adoptants répondent à plusieurs critères d'accueil, sur le plan familial, matériel et psychologique. »* Entretiens à sa permanence et visites au domicile s'ensuivent. Les candidats à l'adoption rencontrent également un psychologue et/ou un psychiatre. *« Il s'agit de savoir s'ils offrent à l'enfant le meilleur foyer possible. »* En outre, Mireille anime des réunions d'information sur les réalités concrètes de l'adoption.

Suivi *a posteriori*. Accompagner les enfants confiés à des familles adoptantes et soutenir les parents dans ce nouveau lien fait aussi partie de son métier. *« Le désir d'adopter et l'amour ne font pas tout. Je dois veiller à l'équilibre de l'enfant au sein de son nouveau foyer. »*

Aux côtés des « mères de naissance ». Autre mission de Mireille : rencontrer dans les maternités les femmes qui ont décidé de confier leur enfant à une autre famille. *« Des moments parfois éprouvants mais d'une grande intensité ! Je les informe des conséquences de leur décision et de leurs droits. Je les invite aussi à laisser des informations personnelles, même si elles n'ont aucune obligation de le faire. Avec une priorité : qu'elles ne se sentent jamais jugées. »*

Quel salaire ?

À partir de 1600 € brut mensuels dans le public, et jusqu'à 2 400 € en fin de carrière. De 1765 € brut mensuels à 3100 € dans le privé.

Ça recrute ?

Le premier employeur des assistants de service social (ASS) est le secteur public (services sociaux des municipalités, des départements, des hôpitaux...). Des postes existent aussi dans le secteur associatif et dans les grandes entreprises.

Quels débuts ?

« Les premiers contrats sont souvent des remplacements ou des CDD, mais l'insertion professionnelle stable intervient en moyenne 6 mois après l'obtention du diplôme », indique Jacqueline Grebert, formatrice à l'Institut méditerranéen de formation et recherche en travail social (IMF) de Marseille. Pour accéder aux postes de la fonction publique territoriale, hospitalière, ou pour travailler dans les collèges et les lycées, il faut passer un concours après l'obtention du DEASS.

Quelles études ?

Le diplôme d'État d'assistant de service social (DEASS) est obligatoire pour exercer. Il se prépare dans 73 établissements.

Après le bac en 3 ans

La formation au DEASS est très sélective et s'adresse principalement aux bacheliers ES et L, mais aussi ST2S et STMG. En 2013, 10 354 candidats se sont présentés, 3100 ont été admis. Les modalités de sélection sont propres à chaque établissement (questionnaire d'actualité et entretien de motivation le plus souvent).

La formation, en 3 ans, est reconnue au niveau bac + 2. Elle comprend 12 mois de stage.

À noter

Une autre stratégie consiste à préparer le DUT carrières sociales option assistance sociale (AS) en 2 ans à l'université, puis à intégrer (après réussite à un examen de niveau) la 3e année de formation au DEASS en école spécialisée. Attention cependant, l'option AS n'est proposée que dans 6 établissements.

Retrouvez les études pp. 78, 88.

CONSEILLER EN ÉCONOMIE SOCIALE ET FAMILIALE

© DR

Sébastien Morel,
conseiller en économie sociale et familiale à la permanence sociale d'accueil de Paris Bastille

« Habillement, hygiène, droits sociaux… je travaille sur tous ces aspects à la fois. »

Sa vocation de travailleur social est née très tôt. À 27 ans, Sébastien exerce le métier de conseiller en économie sociale et familiale (CESF) depuis déjà 5 ans. *« J'ai commencé comme coordinateur d'un service d'aide à domicile pour les personnes âgées et handicapées. »* Fort de cette expérience, il s'est orienté vers un autre public : il exerce à présent à la permanence sociale d'accueil (PSA) de Paris Bastille, qui vient en aide aux personnes sans domicile fixe (SDF).

Une vision globale. Comparativement au rôle de l'assistant de service social, son approche est plus pragmatique. *« Avec ces hommes qui vivent dans la rue, je travaille sur tous les aspects de la vie quotidienne : l'habillement, l'hygiène, l'ouverture des droits sociaux… »* Il reçoit aussi des personnes qui travaillent, mais ne trouvent pas de logement : *« les nouveaux pauvres »*, explique-t-il. L'accompagnement qu'il mène est global : il peut aussi bien soutenir une recherche d'hébergement qu'une démarche d'accès aux soins… Pour mener ses missions à bien, il s'appuie sur les différents services de la permanence.

Travail d'équipe. La PSA Paris Bastille emploie 24 travailleurs sociaux d'accueil et de suivi. *« Nous faisons le point sur les personnes que nous suivons et confrontons nos points de vue pour définir des plans d'action. Notre complémentarité est essentielle ! »*

Des situations sans solution. *« Nous sommes souvent démunis face à des cas de grande détresse, quasi insolubles avec la crise du logement à Paris »*, reconnaît Sébastien. *« Il ne faut pas se décourager ! »* Tous les ans, pendant les périodes de grand froid, il accueille, avec d'autres volontaires, des SDF qui viennent dormir dans des gymnases réquisitionnés par la mairie.

Quel salaire ?

Variable selon le type de structure : publique (collectivités locales), associative (aide à domicile) ou privée (bailleur social, mutuelle). Dans le public, un CESF démarre à 1 500 € brut mensuels et gagne 2 300 € en fin de carrière.

Ça recrute ?

« J'ai décroché mon premier poste 1 mois après avoir obtenu mon diplôme, dans un centre d'action sociale de la ville de Paris », témoigne Sébastien. Mais, dans d'autres régions, le temps d'accès au premier emploi peut être beaucoup plus long.

Quelle évolution ?

Avec de l'expérience et en passant le CAFERUIS *(lire p. 83)*, possibilité d'accéder à des postes de responsable de service ou de structure.

Quelles études ?

Le diplôme d'État de conseiller en économie sociale et familiale (DECESF) est obligatoire pour avoir le titre. Il se prépare dans 91 établissements.

Après un bac + 2 en 1 an

La formation au DECESF est accessible sur concours après un BTS économie sociale familiale, un DUT carrières sociales ou un autre DE du secteur social (DEES, DEASS...). En 2013, 5 491 candidats se sont présentés, pour 2 023 places. Les modalités de sélection sont propres à chaque établissement (dossier et entretien le plus souvent). La formation dure 1 an. Le DECESF est reconnu au niveau bac + 2.

Retrouvez les études pp. 79, 85, 88.

AIDE MÉDICO-PSYCHOLOGIQUE

© DR

Sandrine Guffroy,
aide médico-psychologique à l'IME de Saint-Leu-d'Esserent (60)

« Je ne fais rien à leur place, je veille à ce que tout se passe bien. »

Son « public » ? Une dizaine de garçons de 16 à 20 ans souffrant d'une déficience intellectuelle. Sandrine travaille dans un institut médico-éducatif (IME). Elle intervient sur les temps d'internat, c'est-à-dire le matin et le soir, avant et après les activités de jour.

Au quotidien. Chaque matin, Sandrine retrouve son groupe de pensionnaires pour le lever, le petit déjeuner, la douche et le rangement de la chambre : *« Je ne fais pas les choses à leur place. Je veille seulement à ce que tout se passe bien. Qu'ils se respectent les uns les autres. Et qu'ils n'oublient rien... comme de se brosser les dents, par exemple ! »* Le soir, elle reste avec eux de 16 à 22 heures. *« Après le goûter, j'aide aux devoirs. Parfois, on va au cinéma. Contrairement au reste de la journée, je privilégie à ce moment-là l'aspect ludique plutôt que l'apprentissage. »*

Des projets à construire. *« Notre métier change selon le lieu d'exercice. Dans d'autres structures, il peut être davantage orienté vers le soin. Ici, on est plus dans l'éducatif, car nos jeunes savent se débrouiller par eux-mêmes »*. À mi-chemin entre l'aide-soignant et le moniteur-éducateur, Sandrine initie et encadre des activités comme la natation, 1 semaine sur 2. Ou des sorties. Elle prépare d'ailleurs un séjour à Fontainebleau. *« Pour les jeunes, ce sont des vacances. Pour nous, ça représente de nouveaux supports de travail »*, explique-t-elle, très motivée.

Former, se former. Elle transmet son expérience à des étudiants en formation et a participé à des jurys d'examen. *« Je suis à l'IME depuis plus de 20 ans. Et l'internat ne me lasse pas. Quand on aime son métier, on ne le trouve pas difficile. »* Mais, pour y être encore plus impliquée, elle a pour projet de devenir éducatrice spécialisée.

Quel salaire ?

Le salaire varie selon le lieu d'exercice (secteur privé ou public). Il peut aller de 1470 € brut mensuels en tant que débutant jusqu'à 2140 € en fin de carrière. Des primes peuvent s'y ajouter en fonction des horaires de travail (gardes de nuit, week-ends...).

Ça recrute ?

Selon une enquête réalisée par Pôle emploi en 2014, c'est l'un des métiers qui recrutera le plus dans les années à venir, en raison du vieillissement de la population. Des demandes sont donc à attendre en maisons de retraite et en établissements d'hébergement pour personnes âgées dépendantes (Ehpad).

Quels débuts ?

Les premiers postes se décrochent souvent sur les lieux de stage ou d'apprentissage. Et l'on apprend sans cesse. *« Il m'a fallu plusieurs années pour trouver la bonne distance et être vraiment à l'aise avec les résidents »*, précise Sandrine.

Quelles études ?

Le diplôme d'État d'aide médico-psychologique (DEAMP) est obligatoire pour exercer. Il se prépare dans 113 établissements.

Avec ou sans le bac en 1 à 2 ans

La formation au DEAMP est sélective. Même si aucun diplôme n'est exigé, les trois quarts des admis possèdent le bac ou un niveau terminal.

Les épreuves, propres à chaque établissement, consistent le plus souvent en un questionnaire d'actualité sur des problèmes sociaux, économiques, médicaux et pédagogiques et en un entretien de motivation. En 2013, 16 858 candidats se sont présentés et seulement 8 750 ont été admis.

Le diplôme se prépare en 1 ou 2 ans.

À noter

Le DEAMP offre des passerelles vers d'autres diplômes du social (DEAVS, DEES, DETISF...).

Retrouvez les études pp. 82, 83.

DEAVS : diplôme d'État d'auxilaire de vie sociale.
DEES : diplôme d'État d'éducateur spécialisé.
DETISF : diplôme d'État de technicien de l'intervention sociale et familiale.

CONSEILLÈRE PÉNITENTIAIRE D'INSERTION ET DE PROBATION

© AGNÈS MILLET

Joëlle Lemoine,
conseillère pénitentiaire d'insertion et de probation, à Nanterre (92)

« On touche au droit, au social, à la psychologie, à l'humain... »

Après avoir exercé en prison, Joëlle travaille aujourd'hui en milieu ouvert. Sa mission ? Faire appliquer les sanctions de la justice. Mais aussi en faire comprendre le sens pour éviter la récidive.

Hors les murs. La justice peut ordonner un certain nombre de peines alternatives à l'incarcération : le port d'un bracelet électronique, l'accomplissement de travaux d'intérêt général, l'injonction de soigner une addiction... Dans d'autres cas, des personnes initialement condamnées à de la prison ont droit à du sursis ou à un aménagement de peine. En moyenne, Joëlle suit 120 condamnés. Elle rencontre ceux-ci une fois par mois pour contrôler qu'ils respectent leurs obligations.

L'entretien. Ferme ou empathique selon le cas, elle a appris à s'adapter pour créer un lien : *« Au début, j'explique la situation. Ensuite, j'essaie de faire réfléchir mon interlocuteur : qu'attend-il de la vie ? Souhaite-il vraiment faire des allers-retours en prison ? Ce sont des questions qu'il ne s'est parfois jamais posées. »*

Le rapport. *« Puis je rédige un rapport fondé sur des critères objectifs et j'émets un avis. Je suis un relais. Ces informations servent par la suite au juge. »* Ce dernier peut en effet adapter la peine pour la rendre plus efficace. *« On touche au droit, au social, à la psychologie, à la criminologie, à l'humain... C'est ce qui me plaît. »*

Vers la réinsertion. Recherche d'hébergement, d'emploi ou de formation : Joëlle prépare la réinsertion. *« L'une des personnes que je suivais, footballeur professionnel, a pu donner des cours de sport à des jeunes. »* La démarche n'est pas toujours évidente : *« On a des ressources pour aider ces condamnés et nombre d'entre eux ont le potentiel pour s'en sortir. Mais cela ne fonctionne que s'ils en ont la volonté. »* Et le métier peut être difficile. *« Il faut prendre de la distance, car on voit des choses dures et on connaît des échecs. On a parfois besoin de s'appuyer sur les collègues. On n'est ni des sauveurs ni des vengeurs. »*

Quel salaire ?

En début de carrière, ce fonctionnaire recruté sur concours par le ministère de la Justice gagne 1660 € net par mois, puis 2 870 € au dernier échelon. Il peut évoluer vers un poste de chef des services d'insertion et de probation.

Ça recrute ?

« Une fois en formation, on est sûr d'avoir un poste », explique Joëlle. Encore faut-il réussir le concours d'entrée *(lire ci-contre)*.

Quels débuts ?

Le lieu et le type d'affectation (en milieu ouvert ou en établissement pénitentiaire) sont fonction du classement de sortie. Possibilité de changer de poste après quelques années.

Quelles études ?

Après un bac + 2 en 2 ans

Une seule formation donne accès à la fonction de conseiller pénitentiaire d'insertion et de probation. Elle est dispensée par l'École nationale de l'administration pénitentiaire (Enap). L'accès se fait sur concours avec un bac + 2 au minimum. La plupart des admis sont toutefois titulaires d'un bac + 3, voire d'un bac + 5 (en droit, sciences humaines…). En 2014, 7 632 candidats se sont présentés, pour 362 places.

La formation dure 2 ans. Après une 1re année théorique (droit, criminologie, psychiatrie…), la 2de s'effectue en tant que conseiller pénitentiaire d'insertion et de probation stagiaire.

À noter

Les élèves fonctionnaires stagiaires de l'Enap sont rémunérés pendant leur formation (1566 € net par mois).

Retrouvez les études pp. 92, 93.

ÉDUCATEUR DE LA PJJ

© DR

Jacques N'Doumbe,
éducateur de la protection judiciaire de la jeunesse en région parisienne

« On connaît l'histoire du jeune, on devient son fil rouge. »

Travail d'intérêt général, amende, obligation de scolarité... Jacques travaille auprès de 25 mineurs, âgés de 13 à 18 ans, condamnés à des peines autres que la prison. Il applique les sanctions tout en assurant un accompagnement du jeune et de sa famille.

Un suivi régulier. Lors d'un premier entretien en présence des parents, Jacques expose la situation. Par la suite, il rencontre l'adolescent régulièrement, toutes les 3 semaines. Il vérifie que celui-ci remplit ses obligations, reparle avec lui des actes qu'il a commis, l'aide dans ses démarches administratives ou d'accès aux soins psychologiques ou médicaux. *« On connaît l'histoire du jeune, on devient son fil rouge, parfois pendant 4 ans. »* Ce suivi est consigné dans un dossier qui permet au juge d'adapter ses décisions.

En mouvement. *« Je ne suis pas toujours derrière mon bureau : je fais des visites à domicile, je rencontre des partenaires. Des conseillers en mission locale, par exemple, pour trouver une formation adaptée, pas trop éloignée géographiquement. »* La différence avec le métier de conseiller pénitentiaire d'insertion et de probation, qui s'exerce auprès d'adultes *(lire p. 28)*, c'est que *« la personnalité des ados se modifie sans cesse ». « Ma démarche : faire en sorte que cette évolution soit positive. Mais les résultats ne sont pas toujours palpables, d'autant plus qu'après leurs 18 ans on les perd de vue. »*

Regagner la confiance. Son rôle d'éducateur passe par l'écoute et par... un atelier de plongée sous-marine ! *« J'amène les jeunes à travailler l'estime de soi, le rapport au corps... »* L'objectif lorsqu'il encadre des séjours : montrer au quotidien qu'ils peuvent faire confiance aux adultes. *« Leur passage à l'acte est souvent le fruit d'une histoire familiale lourde et compliquée. Je suis là pour leur donner un repère et les guider jusqu'à la personne qui provoquera en eux un déclic. Au fond, ce qu'ils veulent, c'est trouver un adulte référent, qui croie en eux. »*

€ Quel salaire ?

La rémunération d'un jeune diplômé est de 1800 € net par mois, sans les primes liées aux conditions de travail (soir, week-end…). Elle peut atteindre 2900 € net en fin de carrière.

Ça recrute ?

Une fois entré en formation, chaque élève est assuré de trouver un poste. Encore faut-il décrocher une place *(lire ci-contre)*.

Quels débuts ?

À l'issue de la formation, les éducateurs de la protection judiciaire de la jeunesse (PJJ) sont affectés selon leurs vœux et leur classement. Ils peuvent ensuite évoluer vers des postes de chef de service éducatif au sein des structures de la PJJ.

Quelles études ?

Après un bac + 2 en 2 ans

Accès à la formation de l'École nationale de protection judiciaire de la jeunesse (ENPJJ) sur concours aux titulaires d'un bac + 2 (DUT carrières sociales, diplôme d'État d'éducateur spécialisé…). La plupart des candidats ont au moins un bac + 3 (généralement une licence en sciences humaines). La formation se déroule ensuite à Roubaix. En 2015, 1092 candidats se sont présentés pour 90 places au concours externe.

La formation dure 2 ans. Après une 1re année théorique, la 2de est constituée principalement de stages.

À savoir

À l'ENPJJ, les élèves fonctionnaires stagiaires sont rémunérés pendant leur formation. Ils s'engagent à servir l'État pendant 5 ans au minimum après leur diplôme.

Retrouvez les études pp. 92, 93.

ÉDUCATEUR SPÉCIALISÉ

© DR

Anthony Lecomte,
éducateur spécialisé
en centre médico-social,
à Besançon (25)

« Il faut savoir écouter et être le moins intrusif possible. »

Recréer le lien distendu entre des jeunes et leurs parents avant qu'une décision de justice n'intervienne : un défi de taille qu'Anthony, éducateur spécialisé en centre médico-social, tente de relever quotidiennement. *« Les familles qui viennent au centre ont souvent des relations conflictuelles avec leur enfant. Certains parents ont du mal à poser un cadre et à le maintenir... Nous signons un contrat de 1 an au maximum, qui fixe les objectifs à remplir. »*

Prise de conscience. L'éducateur spécialisé suit une trentaine de familles, qu'il rencontre en moyenne toutes les 2 semaines, dans son bureau ou à leur domicile. Des sorties, en famille ou uniquement avec les jeunes, peuvent également être organisées. *« Avec tact, j'essaie de leur faire prendre conscience des dysfonctionnements familiaux. Je suis le moins intrusif possible. Il faut aussi savoir les écouter et les aider à verbaliser. Plutôt que de les conseiller, je pose des questions afin qu'ils réfléchissent par eux-mêmes à leur comportement... »*

Avancer à plusieurs. Anthony ne travaille jamais seul. Selon les problèmes rencontrés, il collabore avec un assistant de service social, des enseignants, un orthophoniste... *« Ce travail d'équipe est indispensable et motivant. Il nous permet de réfléchir ensemble aux solutions à mettre en place. »*

Gérer ses émotions. Ces temps de réunion permettent également de prendre de la distance par rapport aux situations rencontrées. *« S'impliquer émotionnellement est inévitable, car on travaille avec ce que l'on est profondément, mais, si une situation nous dépasse, il faut être en capacité de le dire pour pouvoir être déchargé... »*

Quel salaire ?

En début de carrière, le salaire s'élève à 1515 € brut mensuels dans le secteur public. Il est un peu plus élevé dans le secteur privé (1765 €) et peut atteindre 3100 € en fin de carrière. Les éducateurs spécialisés travaillant en internat perçoivent une prime supplémentaire.

Ça recrute ?

Environ 80 % des 63 000 éducateurs spécialisés sont employés par le secteur associatif. Le nombre des diplômés ne parvient pas à couvrir les besoins, plus particulièrement en région parisienne et dans les internats.

Quels débuts ?

L'éducateur spécialisé peut faire ses premiers pas dans un établissement spécialisé public ou privé : service d'aide sociale à l'enfance (ASE) d'un département, centre social, foyer de jeunes handicapés, hôpital... Après quelques années d'expérience, il peut évoluer vers des postes de chef de service puis de directeur de structure.

Quelles études ?

Le diplôme d'État d'éducateur spécialisé (DEES) est obligatoire pour exercer. Il se prépare dans 78 établissements.

Après le bac en 3 ans

La formation au DEES est accessible sur concours (synthèse de documents et entretien de motivation) avec le bac. En 2013, 22 726 candidats se sont présentés pour 6 759 places. Les admis ont principalement un bac ES ou L, mais aussi ST2S ou STMG. Organisée sur 3 ans (dont 1 de stage), la formation est reconnue au niveau bac + 2.

À noter

Une autre stratégie consiste à commencer par le DUT carrières sociales option éducation spécialisée (ES) en 2 ans après le bac, avant de rejoindre la 3e année du diplôme d'État d'éducateur spécialisé. Attention : l'option ES n'est proposée que dans sept IUT.

Retrouvez les études pp. 80, 88.

ÉDUCATEUR TECHNIQUE SPÉCIALISÉ

© AGNÈS MILLET

Helio Borges,
chef de projet,
éducateur spécialisé,
encadrant technique
chez Emmaüs Défi, à Paris

« Chaque pas est encouragé, mais on n'est pas des magiciens ! »

Après avoir été ingénieur en robotique, puis travailleur social auprès de toxicomanes et de jeunes en errance, c'est auprès de personnes sans domicile fixe (SDF) qu'Helio exerce à présent. Collecte, réparation, vente et livraison: au sein du dépôt-vente d'Emmaüs Défi, il accompagne par le travail ceux qui veulent se réinsérer professionnellement.

Démarche de long terme. Dans ce véritable bric-à-brac, Helio et les autres permanents côtoient 130 salariés en réinsertion. *« On embauche tout le monde, y compris des gens qui n'ont plus du tout de repères. Chaque pas est encouragé, même quand il y a des rechutes, notamment dans les addictions. Mais on n'est pas des magiciens, cela peut prendre plusieurs années avant que les employés s'en sortent vraiment. »* Souvent sans abri, ceux-ci travaillent d'abord quelques heures par semaine, puis davantage. Peu à peu, certains reprennent pied.

Travailler ensemble. *« En arrivant le matin, je fais un point avec les chefs d'équipe. Puis j'accueille, autour d'un café, les salariés en réinsertion. On répartit les tâches: certains réassemblent les meubles, d'autres trient les vêtements, la vaisselle ou les livres. D'autres réparent l'électroménager. »* Helio travaille à leurs côtés et leur redonne un cadre. *« Je leur réapprends certaines attitudes: dire bonjour, ne pas cracher... »* Le but, à terme, est qu'ils décrochent un poste dans une entreprise partenaire.

Recréer du lien. Des échanges informels se nouent. *« Le travail, c'est le meilleur outil pour créer un lien. Quand je porte une commode avec un salarié, nous sommes à égalité. On parle de sport, d'actualité. À un moment, on en vient à parler des accidents de la vie. Mon vrai travail, c'est l'écoute. »* Une écoute qui, alliée à une reprise d'activité, permet de se reconstruire.

Quel salaire ?

En tant que débutant, le salaire s'élève à 1765 € brut mensuels dans le secteur privé. Il atteint 3100 € brut mensuels en fin de carrière.

Ça recrute ?

« Ce métier offre de bons débouchés. Chaque année, une partie des étudiants décrochent un emploi avant la fin de la formation », selon un responsable de formation de l'IRTS d'Aquitaine. Et beaucoup y accèdent après une première vie professionnelle, par la voie de la formation continue.

Quels débuts ?

Les éducateurs techniques spécialisés exercent principalement dans les établissements et services d'aide par le travail (Esat), dans des entreprises adaptées ou sur des chantiers d'insertion, où sont accueillis des jeunes ou des adultes handicapés ou en difficulté.

Quelles études ?

Le diplôme d'État d'éducateur technique spécialisé (DEETS) est obligatoire pour exercer. Il se prépare dans 26 établissements.

Après le bac en 3 ans

La formation au DEETS est accessible aux titulaires d'un diplôme social ou paramédical de niveau bac. Ou aux titulaires d'un diplôme professionnel de niveau bac ayant au moins 3 ans d'expérience. L'entrée se fait sur concours. En 2013, 395 candidats se sont présentés pour 254 places. La formation, en 3 ans, est reconnue au niveau bac + 2.

Les stages représentent les deux tiers de la formation.

Retrouvez les études p. 82, 83.

IRTS : institut régional du travail social.

MONITEUR-ÉDUCATEUR

© AGNÈS MILLET

Vincent Pallard,
moniteur-éducateur dans un IME, à Tours

« Je me satisfais de petits progrès. »

Son métier, Vincent l'a exercé auprès de différents publics: des enfants, des adultes, des personnes en situation de handicap physique ou mental. *« Au départ, on pense qu'on va "réparer" les gens. Mais on se rend vite compte qu'il faut être humble. »* À chaque fois, l'expérience a été forte. Il est actuellement en poste dans un IME (institut médico-éducatif) qui accueille des jeunes déficients.

Rassurer. Le matin, il rejoint l'internat. Après s'être informé du déroulement de la nuit auprès du veilleur, il aide les jeunes à se lever. *« J'encadre leur petit déjeuner. Les moments collectifs peuvent être source d'angoisse pour eux. J'aide ceux qui ne peuvent pas se nourrir seul et j'encadre les autres. C'est un métier d'humain à humain, de partage. »* Vient ensuite le moment de les guider jusqu'à la douche et d'expliquer le programme de la journée. Vincent est au milieu d'une équipe de moniteurs-éducateurs, d'éducateurs spécialisés, mais aussi de soignants (kinésithérapeute, psychiatre, éducateur sportif ou psychomotricien). Une pluridisciplinarité qu'il apprécie.

Les ateliers. Puis il anime une activité de jour. Certains jeunes suivent un cours de mosaïque, d'autres un enseignement spécialisé, d'autres encore partent en sortie à l'extérieur. Vincent leur apprend à se présenter au téléphone, à prendre le bus, à gérer leur argent... Après le déjeuner, retour aux activités. Dessin et théâtre sont au programme, avant le retour à l'internat.

Aider à se sentir mieux. *« Il faut se satisfaire de petits progrès. Apprendre à lacer ses chaussures ou gagner en estime de soi sont des processus qui nécessitent parfois 5 ans. Et qui n'aboutissent pas toujours. »* Chaque moment est l'occasion d'aider le jeune à progresser ou à se sentir mieux, par la parole ou par un geste attentif. *« Le lien peut être fort. Lorsque j'ai failli arrêter, c'est le "merci" sincère d'une résidente qui m'a fait changer d'avis. Je ne pourrais pas faire un autre métier. »*

Quel salaire ?

« Un moniteur-éducateur gagne le smic en début de carrière, soit 1460 € brut mensuels. Ce montant varie selon la région et le type d'établissement. Et évolue avec l'ancienneté », explique Vincent. En fin de carrière, un moniteur-éducateur peut toucher 2650 € brut.

Ça recrute ?

C'est un métier où la demande est forte mais l'insertion passe souvent par des contrats courts et/ou à temps partiel. Les principaux employeurs se trouvent dans le secteur associatif, notamment en instituts médico-éducatifs. Près des deux tiers des moniteurs-éducateurs travaillent en effet dans des établissements accueillant des personnes handicapées.

Quels débuts ?

Les moniteurs-éducateurs démarrent souvent par des remplacements, notamment dans des structures où ils ont été reçus en stage pendant leur formation. Les écoles relaient parfois des offres de poste.

Quelles études ?

Le diplôme d'État de moniteur-éducateur (DEME) est obligatoire pour exercer. Il se prépare dans près de 70 établissements.

Sans condition de diplôme en 2 ans

Sélective, la formation au DEME est accessible sur épreuves écrites (français, culture générale) et orale (entretien de motivation), sans condition de diplôme mais avec, si possible, de l'expérience, dans l'animation par exemple.
En 2013, 15172 candidats se sont présentés pour 5109 places. La formation dure 2 ans et compte 7 mois de stage.

Retrouvez les études p. 81.

PSYCHOLOGUE

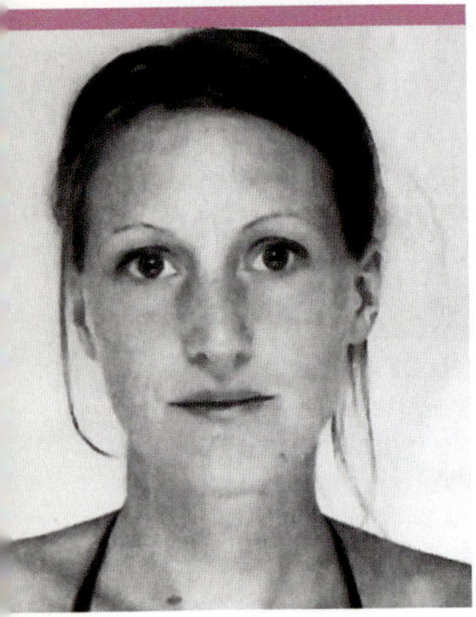

© DR

Céline Benmussa,

Psychologue
en maison d'enfants
à caractère social (MECS),
à Montpellier

« Le placement est toujours une rupture. »

Psychologue en maison d'enfants à caractère social (MECS), Céline aide des adolescents ou des jeunes adultes placés temporairement sur décision d'un juge ou sur accord parental. *« Il peut s'agir d'enfants ayant subi des maltraitances, de jeunes en errance... »* La jeune femme les accompagne dans leur période de placement, mais aussi dans leur projet de vie.

Suivi psychologique. La MECS accueille des jeunes de 12 à 21 ans, à temps plein. Ils dorment à l'internat, et sont scolarisés ou suivent une formation professionnelle à l'extérieur en journée. *« Certains ont besoin d'un suivi psychologique. »* Céline les reçoit pour des entretiens plus ou moins fréquents. *« Le placement est toujours une rupture. J'essaie de les faire parler de leur famille, de savoir s'ils comprennent bien ce qui leur arrive... Je travaille aussi sur leur projet de formation ou d'insertion. »*

Travail d'équipe. La MECS compte aussi des éducateurs spécialisés et des moniteurs-éducateurs qui encadrent les jeunes au quotidien. *« Nous nous réunissons une fois par semaine pour échanger sur la situation de chaque jeune. Une mise en commun des forces qui nous permet de définir des stratégies cohérentes. »*

Un relais avec l'extérieur. Si les jeunes sont scolarisés, Céline prend contact avec les intervenants du milieu scolaire. S'ils ont un suivi thérapeutique à l'extérieur, elle assure le lien avec le psychiatre ou le psychologue. Et, lorsque le placement est lié à des difficultés éducatives, son rôle est aussi, en lien avec l'équipe, de faire du soutien à la parentalité. En travaillant, par exemple, sur le lien mère-enfant. *« Le placement est un moment particulier dans la vie des enfants, mais aussi dans celle des parents. Et il n'a pas forcément vocation à durer. »*

Quel salaire ?

Il varie selon le mode d'exercice (en hôpital, en cabinet, au sein d'une institution à caractère social...). Un psychologue démarre en moyenne à 1700 € brut par mois dans la fonction publique territoriale, et gagne autour de 3 000 € en fin de carrière.

Ça recrute ?

Les offres d'emploi sont rares. *« Il faut être prêt à faire des kilomètres, ou à déménager pour exercer »*, prévient Céline.

Quels débuts ?

Les psychologues peuvent exercer comme salariés (dans le public ou le privé) ou en libéral (en ouvrant leur cabinet). Dans la fonction publique hospitalière ou territoriale, ils sont recrutés sur concours. Dans l'Éducation nationale, il faut avoir une expérience en tant qu'enseignant. Céline, qui a fait le choix du salariat dans des institutions sociales a cumulé durant des années trois temps partiels pour arriver au plus près d'un temps plein.

Quelles études ?

Le titre de psychologue, obligatoire pour exercer, est délivré aux diplômés en psychologie ayant validé un niveau bac + 5 (master ou diplôme de l'École de psychologues praticiens).

Après le bac en 5 ans

À l'université, les études de psychologie commencent par la licence (en 3 ans après le bac) et se poursuivent en master (en 2 ans). La 1re année de licence (L1) est ouverte à tous les bacheliers.

L'École de psychologues praticiens (EPP), établissement privé présent à Paris et à Lyon, délivre également le titre de psychologue. Recrutement sur concours (tests psychotechniques, entretien) après le bac pour 5 années d'études (5 400 € par an). 170 places en 2015.

À noter

20 000 étudiants s'inscrivent chaque année en L1 de psychologie. Seuls 4 500 obtiennent un master.

Retrouvez les études pp. 90, 91.

CHARGÉ DE MISSION HANDICAP

© YVES DUSSUCHAUD

Bruno Gardic,
chargé de mission handicap au Crédit Agricole, à Limoges

« Donner les mêmes conditions de travail aux salariés handicapés qu'aux valides. »

Directeur d'agence puis responsable de la gestion du personnel d'une caisse régionale du Crédit Agricole, Bruno est devenu chargé de mission handicap en 2006. Une *« évolution naturelle »* après une longue expérience dans les ressources humaines.

Recruter. Avant même l'intervention du chargé de recrutement, Bruno présélectionne les dossiers. *« Je travaille en lien avec les organismes spécialisés dans le recrutement des personnes handicapées, comme Cap emploi. »* Il reçoit une centaine de candidats par an, retenus sur la base de leurs compétences. Avec un excellent taux d'insertion à la clé: sa caisse régionale emploie 10 % de salariés handicapés quand l'obligation légale est à 6 %. *« Ils sont très motivés. Ce sont de vrais atouts pour l'entreprise ! »*

Écouter, conseiller. *« Les salariés handicapés doivent avoir les mêmes conditions de travail que les valides. »* Bruno gère les aménagements de postes : augmentation de la taille de l'écran pour un salarié malvoyant, de la taille du bureau pour un salarié en fauteuil... Il est en relation étroite avec la médecine du travail et les ergonomes. Une bonne connaissance de la législation en matière de handicap est bien sûr nécessaire. Il aide à la constitution des dossiers MDPH (pour la reconnaissance de la qualité de travailleur handicapé). *« Je dois être à l'écoute de ces salariés fragilisés par la vie. Se retrouver en fauteuil après un accident ou perdre l'audition est une épreuve. »*

Faire changer les mentalités. *« Sensibiliser au handicap, c'est le volet communication de mon métier ! »* Cette démarche passe par la rédaction d'articles pour le journal interne ou l'intranet. *« Il faut lutter contre les stéréotypes. Rappeler parfois la loi. »* Participer aux forums emploi handicap fait également partie de ses missions.

Quel salaire ?

Entre 2200 et 3000 € brut mensuels, selon l'expérience et le niveau de formation.

Ça recrute ?

Suite à la loi de février 2005 relative à l'égalité des droits des personnes handicapées, le métier s'est développé. *« En 10 ans, les compétences des chargés de mission handicap se sont élargies. Recrutement, maintien dans l'emploi, formation, mais aussi veille juridique, communication... Plus techniques, elles sont devenues indispensables aux entreprises »*, estime Bruno Gardic.

Quelle évolution ?

Un chargé de mission handicap peut évoluer vers davantage de responsabilités en ressources humaines ou vers un poste dans le domaine de la responsabilité sociale de l'entreprise (développement durable, diversité, mécénat...).

Quelles études ?

Après le bac en 3 ou 5 ans

Si aucune formation spécifique n'est requise, posséder un bac + 3 au minimum est recommandé (une licence en droit, par exemple). *« Une expérience dans les ressources humaines et de solides notions en droit sont indispensables »*, estime Bruno, diplômé d'une école de commerce. Les chargés de mission handicap sont en effet nombreux à venir du secteur du recrutement. *« Ensuite, la connaissance des problématiques liées au handicap s'apprend sur le terrain. »*

Quelques formations apparaissent, comme le diplôme interuniversitaire (DIU) référent handicap secteur privé/secteur public de l'université Paris-Est Créteil Val-de-Marne.

CONSEILLER EN INSERTION SOCIALE ET PROFESSIONNELLE

© DR

Thierry Gassien,
conseiller en insertion sociale et professionnelle en mission locale, à Paris

« Il faut réussir à instaurer un climat de confiance. »

Animateur puis responsable d'une antenne jeunes, Thierry est depuis 16 ans conseiller d'insertion à la mission locale de Paris. *« Ceux qui viennent en mission locale veulent trouver des solutions à leurs difficultés. C'est ce qui m'a convaincu d'y travailler. »* Chercher un organisme de formation, un financement, faire un CV, préparer un entretien d'embauche... les tâches de Thierry auprès des 16-25 ans ne sont *« jamais routinières »*.

Un suivi personnalisé. Au premier rendez-vous, le jeune remplit un questionnaire (formation, expériences professionnelles...). *« Une étape cruciale pour déterminer ses besoins. J'essaie aussi d'en savoir plus sur sa situation personnelle. C'est important d'instaurer un climat de confiance. »* À l'issue de ce premier entretien, Thierry définit le type de suivi. *« Certains viennent avec un projet de formation en tête. Après m'être assuré qu'il tient la route, je les mets en relation avec les centres de formation ou les entreprises. Pour d'autres, je les aide à cerner les secteurs qui les intéressent grâce à des ateliers collectifs. »*

Accompagner sans infantiliser. Le conseiller essaie de répondre à la demande sans faire « à la place de ». *« Il faut les rendre maîtres de leur parcours ! »* Certains jeunes ne viennent que pour un renseignement précis, d'autres sont suivis pendant plusieurs années. *« C'est au cas par cas. »* Un travail qui nécessite une parfaite connaissance des dispositifs d'aide à l'insertion et à la formation.

L'accès au logement et aux soins. Aider à construire un dossier de demande de logement, d'assurance maladie fait aussi partie de son métier, mais dans une moindre mesure. *« Avec la précarisation du marché du travail, 99 % des demandes concernent l'insertion. »*

Quel salaire ?

En mission locale, un conseiller débute à 1790 € brut mensuels et touche 2400 € brut en fin de carrière.

Ça recrute ?

12000 professionnels de l'insertion exercent en mission locale. En raison des difficultés d'insertion croissantes des jeunes, cet effectif est en progression. Le recrutement des conseillers en insertion sociale et professionnelle (CISP) fait partie des priorités des missions locales. Autres employeurs possibles : Pôle emploi, le CIDJ, l'Apec, des associations d'insertion...

Quelle évolution ?

Avec l'expérience, certains CISP deviennent chargés de projets (insertion, logement...). Ou responsables de secteur, c'est-à-dire à la tête d'une antenne d'une mission locale.

Quelles études ?

Après le bac en 3 ou 5 ans

Diplôme de niveau bac + 3 (licence) à bac + 5 (master) en psychologie, droit social ou économie sociale et solidaire. *« Il n'y a pas de voie royale pour devenir conseiller d'insertion »*, observe Benoît Mazier, responsable de secteur à la mission locale de Paris. *« Nos conseillers ont fait de la sociologie ou de la psychologie, d'autres viennent du social. Nous en avons aussi qui viennent du monde de l'entreprise. Avoir une expérience dans le domaine du recrutement ou des ressources humaines est particulièrement bienvenu. »*

AUXILIAIRE DE VIE SOCIALE

© DR

Laëtitia Flament,
auxiliaire de vie sociale en Seine-et-Marne (77)

« On apprend beaucoup, car on travaille avec des gens de différentes cultures. »

Laëtitia fait de l'accompagnement de personnes âgées, dépendantes ou malades à leur domicile. *« J'aide au ménage, à la toilette, aux repas, aux courses... »* Et, quelquefois, elle s'occupe des enfants quand une maman a besoin de s'absenter.

Un bon relationnel. Si le rôle de Laëtitia consiste à apporter une aide dans les tâches de la vie quotidienne, ses interventions permettent aussi aux personnes chez qui elle travaille de se sentir moins seules. *« Nous sommes parfois l'unique visiteur de la journée et cela fait plaisir de voir quelqu'un sourire quand on arrive »*, raconte-t-elle. *« Une des dames chez qui je fais le ménage prend un tabouret et me suit dans toutes les pièces de la maison pour me parler. Le relationnel est très important dans ce métier. »*

Savoir réconforter. Laëtitia intervient auprès d'un public très varié et certains cas sont plus délicats que d'autres. *« Il arrive que des personnes se retrouvent dans des situations humiliantes en raison de problèmes de santé, lors de la toilette par exemple. Je les réconforte et j'essaie de passer à autre chose, de leur changer les idées. »* Des circonstances qu'elle a appris à gérer au fil du temps. *« Il faut être rapide et faire en sorte que le malaise ne s'installe pas. Le dialogue est important. »*

Échanger. Son travail, Laëtitia le voit comme un enrichissement. *« C'est un métier où l'on apprend beaucoup, car on travaille avec des gens de différentes cultures. Certaines dames m'apprennent des recettes. De manière générale, les personnes participent à toutes nos tâches et nous aident au maximum. C'est important pour elles. »*

Quel salaire ?

Les auxiliaires de vie sociale sont payés à l'heure (sur la base du smic) : le salaire dépend du nombre d'heures effectuées.

Ça recrute ?

Les besoins en aide à domicile sont très importants. De nombreuses associations ou entreprises privées proposent des postes accessibles avec ou sans diplôme.

Quels débuts ?

« J'ai commencé par un stage en maison de retraite. À ma grande surprise, cela m'a plu. J'ai ensuite intégré une association. Je n'avais pas de diplôme. Une responsable m'a alors proposé de passer le diplôme d'État d'auxiliaire de vie sociale grâce à un système de validation de l'expérience », explique Laëtitia.

Quelles études ?

Aucune condition de diplôme ni de niveau pour exercer ce métier. Toutefois, le diplôme d'État d'auxiliaire de vie sociale (DEAVS) est apprécié des recruteurs. Il se prépare dans 85 établissements.

Avec ou sans le bac

La formation au DEAVS est accessible sur concours. Si aucun diplôme n'est requis à l'entrée, les admis ont généralement le niveau bac.

L'écrit consiste en un questionnaire d'actualité. Il est suivi d'un entretien de motivation. En 2013, 9 989 candidats se sont présentés, 4 532 ont été admis. Les titulaires de certains CAP ou titres professionnels sont dispensés de l'épreuve écrite.

La formation dure 1 an. Le cursus alterne enseignements théoriques et stages pratiques.

Retrouvez les études pp. 82, 83.

TECHNICIENNE DE L'INTERVENTION SOCIALE ET FAMILIALE

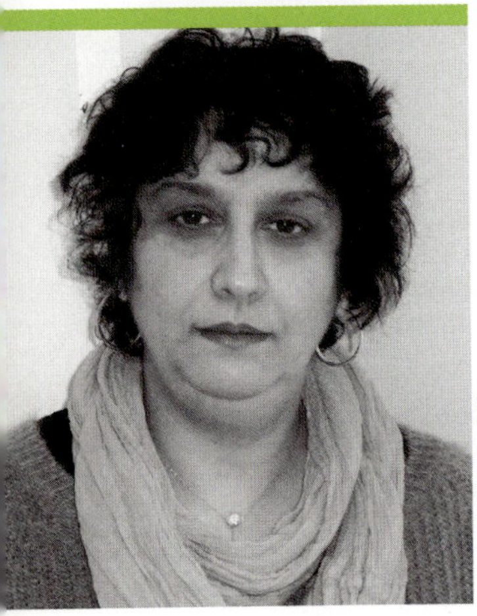

© DR

Conchita Aït Karrou,

technicienne de l'intervention sociale et familiale au sein de l'association Domicile Action, en Seine-et-Marne (77)

« Notre rôle est de conseiller, de soulager, de rassurer... »

Conchita exerce son métier au cœur des familles, à leur demande, sur le conseil des services sociaux ou parfois sur décision judiciaire. *« J'apporte un soutien à la vie quotidienne dans des cas de naissances multiples ou de grossesses rapprochées, par exemple »*, explique-t-elle.

Soutenir les jeunes mamans. La technicienne de l'intervention sociale et familiale (TISF) soutient au maximum les mères de famille. *« Je les aide à s'occuper de leurs nouveau-nés : toilette, préparation des biberons... Mon rôle est de conseiller, de soulager et de rassurer les parents. Cela va parfois jusqu'à un travail de revalorisation de l'image que la mère a d'elle-même, quand elle se sent dépassée. »* Si le métier de TISF consistait au départ à intervenir surtout auprès des nourrissons, les choses ont évolué. *« Désormais, j'interviens auprès d'enfants de 0 à 15 ans. Certains sont handicapés ou autistes. »*

Travail d'équipe. En amont, Conchita prépare ses missions avec un éducateur ou une assistante sociale de son association. *« Je travaille très souvent en binôme. »* Certains cas nécessitent un travail plus approfondi, qui peut parfois s'étaler sur plusieurs années. *« Ma présence est parfois imposée. Dans ce cas, je dois accomplir un travail de fourmi pour convaincre la personne qu'elle a besoin d'aide. »*

En mouvement. Les déplacements sont une composante importante de l'activité. Conchita se rend dans cinq à six familles, une à deux fois par semaine. Elle y reste entre 2 et 5 heures, parfois plus, parfois la nuit. *« C'est une habitude à prendre. Cela fait partie de mon métier »*, conclut-elle.

Quel salaire ?

En début de carrière, un technicien de l'intervention sociale et familiale (TISF) gagne le smic. Après 9 ans d'ancienneté, Conchita touche 1765 € brut par mois.

Ça recrute ?

Les principaux employeurs des TISF sont des associations d'aide à domicile, qui disent avoir du mal à recruter, car les diplômés sont peu nombreux (7 500 au total en France). Des postes existent également dans des centres d'hébergement ou d'action sociale dépendant des collectivités territoriales.

Quels débuts ?

Les nombreux stages qu'ils ont effectués pendant leur formation permettent généralement aux jeunes diplômés de savoir dans quel type de structure ils souhaitent exercer. *« Les stages m'ont fait découvrir toutes les facettes du métier »*, explique Conchita. Aujourd'hui, elle est tutrice et forme de jeunes TISF stagiaires qui l'accompagnent dans ses missions.

Quelles études ?

Le diplôme d'État de technicien de l'intervention sociale et familiale (DETISF) est obligatoire pour exercer. Il se prépare dans une quarantaine d'établissements.

Avec ou sans le bac en 2 ans

La formation au DETISF est accessible sur concours (test psychotechnique, questionnaire d'actualité, rédaction ou commentaire de texte, selon les écoles, et entretien de motivation). Aucun diplôme n'est requis pour passer ces épreuves. En 2013, 1288 candidats se sont présentés. 670 ont été admis.

La formation dure 2 ans. Le cursus alterne enseignements théoriques et stages pratiques.

À noter

Les TISF peuvent se présenter aux sélections d'entrée des écoles d'éducateurs spécialisés, d'assistants de service social, sans être pour cela titulaires du baccalauréat.

Retrouvez les études pp. 82, 83.

INGÉNIEURE SOCIALE

© DR

Nathalie Roy,
ingénieure sociale
pour la Ligue contre
le cancer, à Paris

« J'étudie les besoins et mets en œuvre des solutions. »

Après 6 années à exercer en tant que conseillère en économie sociale et familiale, Nathalie décide de se perfectionner. *« Je travaillais avec des femmes d'origine étrangère, sur des projets de quartier, et le travail d'équipe m'intéressait. J'ai alors décidé de reprendre mes études pour acquérir une méthodologie de développement de projets »*, raconte-t-elle.

Soutenir. Nathalie exerce maintenant en tant que chargée de projet d'action sociale pour la Ligue contre le cancer. *« J'étudie les besoins sociaux des personnes atteintes d'un cancer et je conçois des solutions. Cela concerne la prise en charge financière de la maladie, la mise en place d'aides à domicile, le retour à l'emploi après les traitements... »*

Mobiliser. En plus d'aider les malades, Nathalie a pour mission de mobiliser différents acteurs autour de la lutte contre le cancer. *« J'effectue un gros travail de planification et d'organisation. C'est un poste stratégique, où je pilote des équipes à distance. Je dois impliquer les gens qui sont sur le terrain et cela passe par une démarche de sensibilisation au cancer. Il faut avoir une bonne connaissance du public pour être crédible et pouvoir agir. »*

Des interlocuteurs variés. Au sein de son association, Nathalie collabore avec des équipes réparties dans 40 départements. *« C'est très intéressant, car je peux aussi bien travailler avec une petite équipe de bénévoles (pour soutenir la mise en place d'actions, comme la création de groupes de parole) qu'en partenariat avec des institutions comme l'Assurance maladie. »* À l'ingénieur social de s'adapter. *« On n'a pas le même type d'échanges avec un bénévole de la Creuse qu'avec un représentant du ministère de la Santé... »*

Quel salaire ?

Nathalie a débuté avec un salaire de 2 000 € net par mois. Elle gagne aujourd'hui 2 500 € net, après 7 ans dans sa fonction.

Ça recrute ?

Les ingénieurs sociaux exercent au sein des collectivités territoriales et dans des associations. Les offres d'emploi sont rares. *« Il y a peu de postes car le diplôme d'État d'ingénierie sociale (DEIS) est un diplôme récent, qui manque de visibilité »*, explique Nathalie. Jusque-là, les ingénieurs sociaux étaient appelés chargés de projets (ou d'études) d'action sociale.

Quels débuts ?

Généralement, les ingénieurs sociaux sont des professionnels du secteur qui ont déjà une solide expérience de terrain. Ce qui ne les empêche pas, une fois leur DEIS validé, de commencer souvent par des contrats courts.

Quelles études ?

Le diplôme d'État d'ingénierie sociale (DEIS) se prépare dans 8 établissements.

Après le bac en 5 ans

La majorité des candidats au DEIS sont des professionnels du secteur social, déjà titulaires d'un autre diplôme d'État. La voie du DEIS est donc plutôt empruntée pour une évolution de carrière. L'accès au diplôme se fait sur dossier et entretien. Peuvent se présenter les titulaires d'un bac + 5 ou d'un diplôme d'État de niveau bac + 2 ou bac + 3 avec plusieurs années d'expérience.

La formation dure entre 2 et 3 ans.

Retrouvez les études p. 83.

MÉDIATRICE SOCIALE

© DR

Jenny Armoogum,
médiatrice sociale
en milieu scolaire
pour l'association Optima,
à Achères (78)

« J'écoute les jeunes sans émettre de jugement. »

Le métier de Jenny ? Intervenir dans les écoles et les collèges pour prévenir la violence et gérer les conflits ou les problèmes de harcèlement. Depuis quelques années, un dispositif expérimental permet aux académies, aux municipalités ou au établissements de faire appel à des associations de médiation. *« Il n'y a pas une journée où il ne se passe rien. On est en éveil permanent »*, explique-t-elle. Après plusieurs années dans le secrétariat médical, elle est devenue médiatrice sociale après avoir suivi une formation.

Auprès des élèves. *« Au collège, j'interviens aussi bien pour gérer des tensions entre élèves, dans la cour ou devant l'établissement, que pour traiter des situations de harcèlement ou mener des actions de sensibilisation en classe de 6e. »* Une présence plutôt bien accueillie par les élèves. *« Le rapport avec eux est clair. Ils viennent vers moi parce que je les écoute sans émettre de jugement. Ils sentent de la bienveillance. C'est un travail difficile, mais qui apporte beaucoup de satisfaction. »*

En collaboration. Si Jenny intervient seule dans les établissements scolaires, il lui arrive de travailler avec d'autres médiateurs sociaux. *« Les médiateurs de la ville m'accompagnent lorsque je dois me rendre au domicile de certaines familles. Ils sont aussi présents lorsque je dois accompagner des élèves sur le trajet domicile-école et qu'il peut y avoir du danger. »* De même, elle collabore avec les équipes éducatives.

Un rôle important. *« Il faut prendre son rôle très au sérieux, ne pas le minimiser, et être clair sur sa capacité à pouvoir exercer avec des enfants. »* Un travail qui ne peut s'effectuer qu'en toute indépendance. *« Je ne dépends ni de l'Éducation nationale ni de la ville, mais d'une association. Cette "liberté" m'aide dans le rapport avec les élèves, mais aussi avec le personnel éducatif. »*

Quel salaire ?

Un médiateur social gagne généralement 1460 € brut mensuels lorsqu'il débute. *« On ne fait pas ce métier pour le salaire »*, explique Jenny.

Ça recrute ?

12 000 médiateurs sociaux sont actuellement en poste, beaucoup au moyen de contrats aidés de type emplois d'avenir ou adultes-relais. Les offres sont donc nombreuses mais il s'agit principalement de contrats courts.

Quels débuts ?

« J'ai trouvé un premier poste dans un lycée en tant que médiatrice de réussite scolaire », explique Jenny. *« Puis j'ai vu l'annonce pour le poste de médiatrice sociale que j'occupe actuellement. Cela correspondait exactement à ce que je voulais faire. »* Comme elle, de nombreux médiateurs sociaux commencent par des contrats courts avant de trouver un emploi stable.

Quelles études ?

Sans condition de diplôme

Des formations existent comme le CAP agent de prévention et de médiation, le bac pro services de proximité et vie locale (SPVL) ou la licence pro médiation sociale.

Retrouvez les études pp. 72-74, 89.

LES CONDITIONS DE TRAVAIL

Horaires décalés, temps partiels parfois imposés, environnement difficile et potentiellement anxiogène... aperçu du quotidien des travailleurs sociaux.

Face à la violence

Résister au stress

Détresse aiguë, réactions brutales... les travailleurs sociaux sont souvent confrontés à des situations qui peuvent générer du stress, de l'anxiété ou, plus simplement, de la fatigue. *« J'ai parfois affaire à des gens en colère. Certains entretiens peuvent déraper si on ne sait pas prendre sur soi. À la longue, cela peut être usant »*, reconnaît Sébastien Morel, conseiller en économie sociale et familiale auprès de personnes sans domicile fixe. Émilie Gibrat, monitrice-éducatrice dans un institut accueillant de jeunes handicapés, confie de son côté : *« Je dois parfois contenir des résidents agressifs ou en crise, qui peuvent être bien plus forts que moi. Avec le temps, on s'habitue. Mais, quand on débute, cela peut déstabiliser. »*

Horaires décalés

Assurer le service

Travailler dans le social est souvent synonyme d'horaires décalés. Ces professionnels interviennent auprès de publics parfois très dépendants, dans des structures qui les accueillent 7 jours sur 7 et 24 heures sur 24. Même si des roulements entre les salariés sont effectués, chacun peut être amené à intervenir hors des horaires de bureau. Il faut donc ne pas être attaché aux jours fériés et aux week-ends. C'est particulièrement le cas dans les métiers de l'éducation spécialisée. Sandrine Guffroy, aide médico-psychologique (AMP), explique : *« Les AMP travaillent majoritairement en foyer, ce qui implique nécessairement des horaires décalés. Il faut être prêt à travailler jusqu'à 22 h 30. Et aménager sa vie de famille en conséquence, ce qui n'est pas toujours évident. »*

Fondés sur les rapports humains, ces métiers ne connaissent pas la routine.

© CYRIL LAURET/ONISEP

Travail en équipe
Des décisions collectives

Dans le social, impossible d'agir en solo ! Pour trouver des solutions à des problèmes parfois très complexes, la concertation et la prise de décision collégiale s'imposent. Entre travailleurs sociaux, mais aussi avec d'autres professionnels (médecins, juges des enfants, enseignants…). *« Pour aider au mieux les patients, je dois être en lien avec le personnel soignant et les familles »*, explique ainsi Airelle Gallois, assistante sociale à l'hôpital de Montreuil. *« Je travaille aussi en collaboration avec des administrations et des associations. C'est ce qui permet de débloquer certaines situations. Un élément clé et très enrichissant de mon métier ! »*

Temps partiel
Pas toujours choisi

Dans bon nombre de cas, les travailleurs sociaux exercent à temps partiel, surtout dans le domaine des services à la personne. Ce rythme de travail est en partie choisi. Mais pas toujours. Les restrictions financières à l'œuvre dans les collectivités territoriales et les associations expliquent aussi la multiplication de ce type de contrat. Les témoignages de jeunes diplômés devant jongler avec plusieurs temps partiels sont courants.

Sur le terrain
Mobilité demandée

« Les déplacements font partie de mon quotidien », explique Conchita Aït Karrou, technicienne de l'intervention sociale et familiale. Comme elle, de nombreux travailleurs sociaux sont amenés à se déplacer. C'est même la base de l'aide à domicile. Pour Jacques N'Doumbe, éducateur de la protection judiciaire de la jeunesse, les déplacements sont parfois de plus grande envergure. *« Je dois aller de plus en plus loin pour trouver des lieux d'accueil pour les jeunes. »*

DICO DES MÉTIERS

AIDE SOCIALE

ASSISTANT/E DE SERVICE SOCIAL (ASS)

★☆

C'est le « généraliste » du secteur. Aux personnes confrontées à des difficultés d'argent ou de logement, à des problèmes de violence, il apporte une aide sur mesure. Les informant des aides auxquelles elles peuvent prétendre, il accompagne la constitution des dossiers. La moitié des ASS travaillent dans les services de protection sociale des départements. Les autres exercent à l'hôpital, en établissement scolaire ou au sein d'associations. Tenu au secret professionnel, l'ASS doit aussi suivre l'évolution législative.

Formation

Diplôme d'État d'assistant de service social (DEASS) obligatoire.

CONSEILLER/ÈRE EN ÉCONOMIE SOCIALE ET FAMILIALE

★☆

Son rôle ? Aider les personnes en difficulté (surendettement, maladie, divorce...) à gérer leurs dépenses quotidiennes. Il prodigue des conseils individuels (pour s'organiser autrement, faire des économies d'énergie...) ou anime des ateliers collectifs (pour apprendre à cuisiner des plats équilibrés et économiques, par exemple). Il travaille très souvent pour des communes, mais aussi pour des hôpitaux, des organismes de logements sociaux, des associations d'aide à domicile...

Formation

Diplôme d'État de conseiller en économie sociale familiale (DECESF) après un BTS économie sociale familiale ou un DUT carrières sociales.

MÉDIATEUR/TRICE FAMILIAL/E

★★

Sa mission ? Apaiser les conflits familiaux qui surgissent en cas de divorce ou de séparation (plus de 80 % des situations), mais aussi de succession... Le but est de faciliter le dialogue pour éviter une éventuelle action en justice. La médiation peut être le résultat d'une démarche personnelle des familles ou d'une décision du juge. Elle dure trois à sept séances en moyenne. Exercice au sein d'associations ou en libéral.

Formation

Diplôme d'État de médiateur familial (DEMF).

ÉDUCATION SPÉCIALISÉE

AIDE MÉDICO-PSYCHOLOGIQUE (AMP)

★☆

En établissement spécialisé (mais jamais à domicile), l'AMP assiste des personnes dépendantes dans leur vie quotidienne. Faire s'exprimer un enfant déficient, aider une personne handicapée à se laver, entretenir les facultés intellectuelles d'une personne âgée : l'AMP est là pour assurer ces différents rôles de soutien, d'accompagnement, d'éveil ou d'éducation. Un métier qui exige une résistance à toute épreuve.

Formation

Diplôme d'État d'aide médico-psychologique (DEAMP).

ANIMATEUR/TRICE SOCIOCULTUREL/LE

★☆

Atelier vidéo en foyer de jeunes, organisation de randonnée pour un club du troisième âge... il pense et organise des activités de loisirs qui peuvent prendre des formes diverses. Son objectif ? Créer un lien et favoriser le dialogue au sein du groupe. À l'école ou en maison de retraite, ce pro sensibilise aux arts et aux sciences, développe la créativité et l'expression personnelle. Enfants en difficulté scolaire, jeunes délinquants, personnes démunies : il peut travailler avec des publics variés.

Formation

BPJEPS option animation sociale (bac conseillé) ; DUT carrières sociales option animation sociale et socioculturelle.

★☆ *Accessible directement après ses études*
★★ *Accessible avec de l'expérience*

AUXILIAIRE DE VIE SCOLAIRE (AVS)

★☆

Ni parent, ni professeur, ni infirmier, l'AVS a pour mission d'aider les élèves handicapés aussi bien dans leur vie scolaire que lors des activités extra-scolaires. Selon les besoins, il peut intervenir pour les déplacements, les repas, la prise de notes en cours... Il accompagne aussi les sorties scolaires et participe aux réunions parents-professeurs... En établissement scolaire (jamais à domicile), il peut s'occuper d'un ou plusieurs enfants.

Formation

Formation de 60 heures (en attendant la création du diplôme).

CHEF/FE DE SERVICE EN ÉTABLISSEMENT SOCIAL

★★

Il est la courroie de transmission entre la direction de l'établissement et les travailleurs sociaux qui accueillent les jeunes et les adultes handicapés ou en difficulté. Manager avant tout, il organise les emplois du temps et fixe le cap : dans un établissement pour adolescents violents par exemple, il peut créer un groupe de travail sur la gestion de l'impulsivité. Il est rarement en contact direct avec le public accueilli.

Formation

Certificat d'aptitude aux fonctions d'encadrement et de responsable d'unité d'intervention sociale (CAFERUIS).

© ALAIN POTIGNON/ONISEP

CONSEILLER/ÈRE PÉNITENTIAIRE D'INSERTION ET DE PROBATION

★☆

Son objectif ? Éviter la récidive. En prison, il reçoit les détenus majeurs pour leur expliquer leur situation, gérer les permissions et mettre en place les aménagements de peine. Il prépare aussi la sortie des détenus en les aidant par exemple à trouver un emploi. Il peut aussi travailler en milieu ouvert avec des condamnés non incarcérés et veiller à ce que ceux-ci suivent les obligations fixées par le juge (travail d'intérêt général, soins...).

Formation

École nationale d'administration pénitentiaire (Enap). Accès sur concours.

DIRECTEUR/TRICE D'ÉTABLISSEMENT OU DE SERVICE D'INTERVENTION SOCIALE

★★

Véritable chef d'entreprise, il est responsable de la bonne marche de son (ou ses) établissement(s). Foyer de l'enfance, maison de retraite... le directeur supervise la gestion financière et les ressources humaines, anime les réunions, arbitre en cas de crise. Un panel de missions allant de l'élaboration du projet d'établissement à la communication externe en passant par le déménagement d'un service. Diplomatie exigée.

Formation

Certificat d'aptitude aux fonctions de directeur d'établissement ou de service d'intervention sociale (CAFDES).

ÉDUCATEUR/TRICE DE JEUNES ENFANTS (EJE)

★☆

Partout où l'on accueille des enfants de moins de 7 ans, l'EJE est là. En crèche, mais aussi à l'hôpital ou dans des structures pour enfants handicapés ou en difficulté. Son rôle: favoriser le développement et l'épanouissement. Par le jeu et les activités d'éveil, l'EJE permet aux plus petits d'acquérir le langage, les habitudes d'hygiène et de sécurité, les règles de la vie sociale... Parfois en retrait, il observe les enfants et repère les éventuels problèmes. Tout en gardant sa créativité en alerte !

Formation

Diplôme d'État d'éducateur de jeunes enfants (DEEJE).

★☆ *Accessible directement après ses études*

★★ *Accessible avec de l'expérience*

ÉDUCATEUR/TRICE DE LA PJJ

★☆

Sur décision de justice, l'éducateur de la protection judiciaire de la jeunesse (PJJ) intervient auprès de jeunes délinquants ou de mineurs en danger, victimes de graves difficultés familiales (violence, inceste). Son rôle est d'apporter une aide éducative et de favoriser la réinsertion en fixant des repères et des objectifs. À la différence de l'éducateur spécialisé, il assure le suivi des mesures prononcées par le juge (réparation des dégâts, travail d'intérêt général...). Un métier à la croisée du social et du judiciaire.

Formation

École nationale de protection judiciaire de la jeunesse (ENPJJ). Accès sur concours.

ÉDUCATEUR/TRICE SPÉCIALISÉ/E

★☆

Pilier du secteur social, il partage la vie quotidienne de jeunes ou d'adultes fragiles (en difficulté d'insertion, souffrant d'un handicap...). À travers les activités qu'il organise (théâtre, sport...), il les aide à devenir plus autonomes tout en leur fixant des points de repère (règles de civilité, d'hygiène...). Il exerce le plus souvent en foyer d'accueil ou en centre médico-social. L'éducateur « de rue », lui, intervient auprès de jeunes qui ont des problèmes comportementaux (absentéisme scolaire, drogue, délinquance) en se rendant sur leur lieu de vie (quartier, famille).

Formation

Diplôme d'État d'éducateur spécialisé (DEES).

ÉDUCATEUR/TRICE TECHNIQUE SPÉCIALISÉ/E

★★

Menuiserie, cuisine, mécanique... compétent dans son domaine, il assure la formation professionnelle de personnes fragiles ou handicapées. Dans un établissement pour adolescents ayant des troubles du comportement, il aide les jeunes à découvrir leurs aptitudes et à vivre en communauté. Dans un établissement d'aide par le travail (Esat), il permet aux adultes handicapés de s'adapter à un poste de travail. Par son savoir, sa patience et sa pédagogie, il favorise l'autonomie et l'insertion du public qu'il accompagne.

Formation

Diplôme d'État d'éducateur technique spécialisé (DEETS).

MONITEUR/TRICE D'ATELIER

★☆

Il exerce ses compétences techniques (de cuisinier, d'horticulteur...) le plus souvent auprès d'adultes handicapés ou en difficulté. Ses fonctions ? Assez proches de celles de l'éducateur technique spécialisé : encadrer une petite équipe dans des structures professionnelles adaptées. Il adapte les postes de travail aux capacités de chacun, répartit les tâches, accompagne les apprentissages et s'assure du bon déroulement de la production en mettant aussi la main à la pâte.

Formation

Certificat de qualification aux fonctions de moniteur d'atelier (CQFMA).

MONITEUR/TRICE-ÉDUCATEUR/TRICE

★☆

Si son rôle est proche de celui de l'éducateur spécialisé (faciliter le quotidien de jeunes ou d'adultes handicapés ou fragiles), il exerce uniquement en structure d'accueil (jamais en dehors contrairement à l'éducateur spécialisé). Il apporte son aide au moment des repas ou de la toilette. Ces moments de vie sont l'occasion de donner des conseils, de guider vers l'autonomie. Il organise aussi des sorties, anime des ateliers (théâtre, informatique...). De plus en plus souvent, il exerce également auprès de personnes âgées dépendantes.

Formation

Diplôme d'État de moniteur-éducateur (DEME).

★☆ *Accessible directement après ses études*
★★ *Accessible avec de l'expérience*

PSYCHOLOGUE EN STRUCTURE SOCIALE

★☆

Du simple conseil à l'accompagnement au long cours, son rôle est d'écouter les personnes en souffrance morale. Dans les quartiers difficiles, il aide à lutter contre la marginalisation. On le trouve également dans les structures accueillant des personnes âgées ou handicapées. Auprès des enfants, il dépiste d'éventuels problèmes chez les petits : troubles des apprentissages, de l'attachement... Enfin, il est aussi un soutien pour les professionnels du social soumis à une certaine pression ou exposés à la violence.

Formation

Master en psychologie ; diplôme de l'École de psychologues praticiens (EPP).

© ALAIN POTIGNON/ONISEP

INSERTION PROFESSIONNELLE

CHARGÉ/E DE MISSION HANDICAP

★★

Son objectif est de développer le recrutement des personnes handicapées au sein d'une entreprise. Dans ce but, il sensibilise les managers, participe à des forums spécialisés, reçoit les candidats... Il veille aussi à ce que les salariés handicapés bénéficient des aménagements de poste nécessaires (fauteuil adapté, écran d'ordinateur plus grand...) et que leurs droits soient respectés. Une bonne connaissance du Code du travail est indispensable.

Formation

Bac + 5 en droit ou ressources humaines.

CONSEILLER/ÈRE EN INSERTION SOCIALE ET PROFESSIONNELLE

★★

En mission locale très souvent, il reçoit les 16-25 ans qui ont des difficultés de formation ou d'insertion. En entretien individuel, il les aide à bâtir leur projet professionnel, à trouver une formation, à préparer un entretien d'embauche ou à rédiger un CV. Le suivi peut ne nécessiter qu'un ou deux rendez-vous ou se prolonger sur plusieurs années. Besoin en recrutement des entreprises locales, mesures d'aide à la formation, rien ne doit lui échapper.

Formation

Diplôme de niveau bac + 3 à bac + 5 en psychologie, droit social ou économie sociale et solidaire.

CONSEILLER/ÈRE D'ORIENTATION-PSYCHOLOGUE (COP)

★☆

Sa mission ? Aider les élèves à élaborer leur parcours d'études et à définir leur projet professionnel. À sa permanence (en collège ou en lycée) et en centre d'information et d'orientation (CIO), le COP les accueille individuellement. Conseiller technique du chef d'établissement, il contribue à la mise en place du PIIODMEP (parcours individualisé d'information, d'orientation et de découverte du monde économique et professionnel). Recruté sur concours de l'Éducation nationale, il a le statut de fonctionnaire.

Formation

Diplôme d'État de conseiller d'orientation-psychologue (DECOP) en 2 ans après une licence de psychologie.

AIDE À DOMICILE

ASSISTANT/E FAMILIAL/E (AF)

★☆

Il accueille à son domicile des enfants ou des adolescents retirés à leurs familles sur décision judiciaire. Le placement peut durer quelques jours (situation d'urgence) ou plusieurs années. L'AF apporte les soins de la vie quotidienne (repas, toilette...), et veille à l'épanouissement affectif et social de l'enfant. Pour cela, il travaille en étroite collaboration avec d'autres travailleurs sociaux (assistants de service social, éducateurs spécialisés, psychologues...).

Formation

Formation de 60 heures obligatoire avant l'accueil du premier enfant ; diplôme d'État d'assistant familial (DEAF).

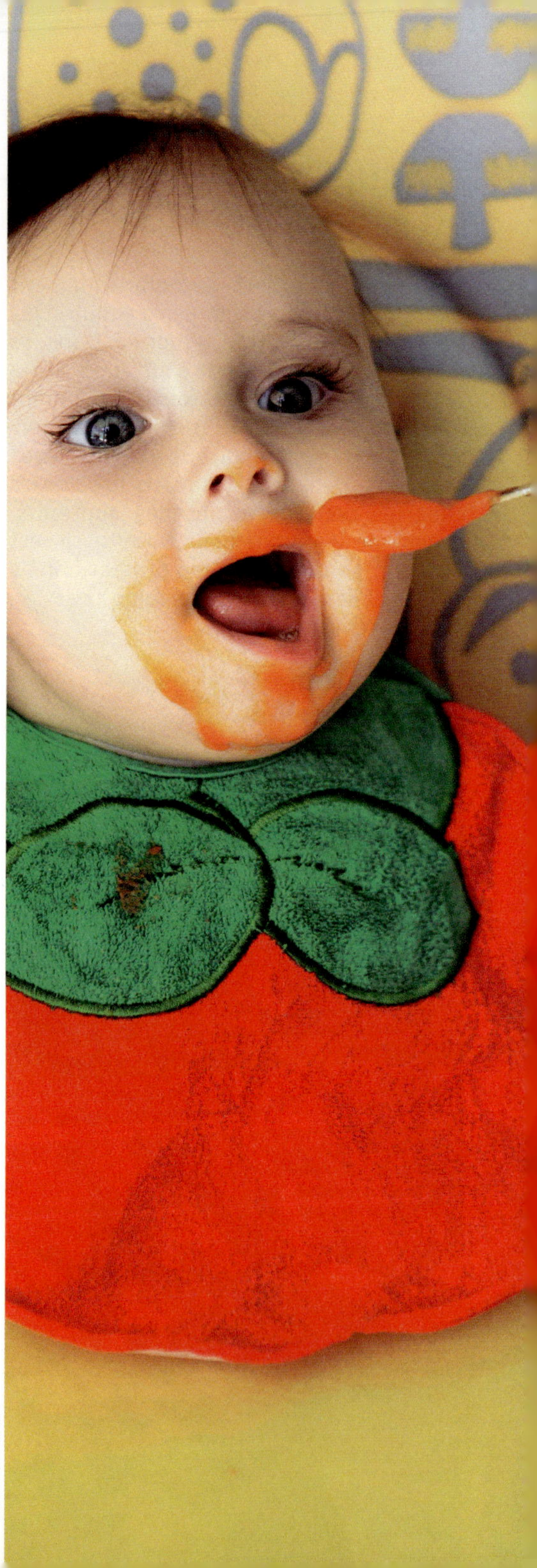

© IPEKATA/ISTOCK.COM

ASSISTANT/E MATERNEL/LE

★☆

Sa mission ? La garde des tout-petits (de 0 à 3 ans) à son domicile. Complémentaire des parents quand ceux-ci travaillent, il peut aussi accueillir des enfants de manière permanente lorsque ceux-ci lui sont confiés par décision judiciaire. Au programme de ses journées : repas, changes, activités d'éveil... Il transmet aussi des règles de vie : respect de l'autre, verbalisation d'un besoin, intégration au groupe...

Formation

Formation de 60 heures obligatoire avant l'accueil du premier enfant.

AUXILIAIRE DE VIE SOCIALE (AVS)

★☆

Permettre à des personnes âgées, handicapées ou malades de continuer à vivre chez elles, voilà ce qui motive l'AVS (aussi appelé aide à domicile). Les courses, la cuisine et la vaisselle font partie de ses tâches quotidiennes. Mais ce professionnel apporte aussi soutien et réconfort. L'AVS travaille chez une ou plusieurs personnes, toute la journée ou quelques heures seulement. Les déplacements sont fréquents.

Formation

Diplôme d'État d'auxiliaire de vie sociale (DEAVS) de plus en plus demandé.

© PHOVOIR

TECHNICIEN/NE DE L'INTERVENTION SOCIALE ET FAMILIALE (TISF)

★☆

Hospitalisation, décès, longue maladie, naissance, handicap... le TISF est appelé auprès d'une famille lors de circonstances particulières. Il soulage et épaule en assumant le quotidien (courses, ménage, repas, toilette, aide aux devoirs...), peut participer à la gestion du budget et accompagner les personnes dans leurs démarches administratives (recherche d'un logement, demande d'allocation chômage...). Le TISF peut également travailler auprès de personnes handicapées ou âgées.

Formation

Diplôme d'État de technicien de l'intervention sociale et familiale (DETISF).

★☆ *Accessible directement après ses études*

★★ *Accessible avec de l'expérience*

DÉVELOPPEMENT LOCAL

AGENT/E DE DÉVELOPPEMENT LOCAL

★☆

Il rencontre la population et les acteurs locaux (associations, commerçants, chefs d'entreprise...), fait remonter les besoins exprimés (installer des bancs devant une école, par exemple) et informe des projets en cours. Souvent employé par une municipalité, il accompagne des projets dans des domaines variés (culture, sport, santé, équipements urbains...). Après la phase de rencontre et de discussion vient celle du montage des dossiers administratifs, qui occupe une part importante de son temps.

Formation

Licence pro ou master en développement local ou social.

© SLONOV/ISTOCK.COM

INGÉNIEUR/E SOCIAL/E

★★

Pour une ville ou un groupement de communes, il fait le lien entre les élus et les habitants. Après avoir établi les besoins de la population (grâce à une enquête de terrain), il propose des réponses. Son objectif ? Favoriser le « vivre ensemble » par la création de squares, de locaux associatifs, de nouveaux services... Appelé aussi chef de projet territorial, il coordonne l'action des agents de développement local.

Formation

Master en développement local ou social ou encore en urbanisme; diplôme d'État d'ingénierie sociale (DEIS).

MÉDIATEUR/TRICE SOCIAL/E

★☆

Prévenir et gérer les conflits, favoriser les échanges entre les personnes et/ou les institutions... tels sont ses objectifs. Il peut exercer dans des environnements et pour des employeurs divers : transports en commun, habitat social, établissements scolaires... Il note les dégradations ou les dysfonctionnements, et en fait part aux services concernés. Sens du dialogue et capacité à travailler en équipe sont indispensables.

Formation

CAP agent de prévention et de médiation; bac pro services de proximité et vie locale.

Niveaux d'accès par métier

	Nom du métier	Accès à la formation*
Aide sociale	Assistant de service social (ASS)	Bac
	Conseiller en économie sociale et familiale	Bac
	Médiateur familial	Bac
Éducation spécialisée	Aide médico-psychologique (AMP)	Avec ou sans le bac
	Animateur socioculturel	Bac
	Auxiliaire de vie scolaire (AVS)	Avec ou sans le bac
	Chef de service en établissement social	Avec expérience professionnelle
	Conseiller pénitentiaire d'insertion et de probation	Bac + 2
	Directeur d'établissement ou de service d'intervention sociale	Avec expérience professionnelle
	Éducateur de jeunes enfants (EJE)	Bac
	Éducateur de la PJJ	Bac + 2
	Éducateur spécialisé	Bac
	Éducateur technique spécialisé	Avec expérience professionnelle
	Moniteur d'atelier	Avec ou sans le bac
	Moniteur-éducateur	Avec ou sans le bac
	Psychologue en structure sociale	Bac
Insertion professionnelle	Chargé de mission handicap	Bac
	Conseiller en insertion sociale et professionnelle	Bac
	Conseiller d'orientation-psychologue (COP)	Bac + 3
Aide à domicile	Assistant familial (AF)	Avec ou sans le bac
	Assistant maternel	Avec ou sans le bac
	Auxiliaire de vie sociale (AVS)	Avec ou sans le bac
	Technicien de l'intervention sociale et familiale (TISF)	Avec ou sans le bac
Développement local	Agent de développement local	Bac
	Ingénieur social	Bac
	Médiateur social	Avec ou sans le bac

* Principaux niveaux d'accès dans le cas de plusieurs formations possibles.

ÉTUDES

QUELLES FORMATIONS POUR QUELS MÉTIERS ?

Pour rejoindre les professions du social, les diplômes d'État (DE) constituent la principale porte d'entrée. Mais il existe aussi des bacs pro, BTS, DUT, licences, masters… Tour d'horizon des cursus à choisir en fonction de son projet professionnel.

AIDE SOCIALE

Les trois métiers regroupés sous cette dénomination nécessitent plusieurs années d'études après le bac. Il faut notamment 3 années pour préparer le diplôme d'État d'assistant de service social (DEASS), qui est obligatoire pour exercer. Du côté de l'économie sociale et familiale, le BTS du même nom permet de s'insérer sur le marché du travail, mais le diplôme d'État de conseiller en économie sociale et familiale (DECESF), en 1 an après un bac + 2, est obligatoire pour obtenir le statut de conseiller. Enfin, pour devenir médiateur familial, le diplôme d'État correspondant (DEMF) se prépare après un bac + 2.

ÉDUCATION SPÉCIALISÉE

Pour travailler dans ce domaine, les diplômes d'État sont la principale voie d'accès. Certains sont accessibles sans le bac (aide médico-psychologique ou moniteur-éducateur). Il est également possible de passer par la filière de l'animation, avec le BPJEPS, pour lequel il est conseillé d'avoir un niveau bac. Côté justice, un bac + 2 est de rigueur, que ce soit pour devenir conseiller pénitentiaire d'insertion et de probation ou éducateur de la PJJ. Enfin, impossible d'obtenir le titre de psychologue sans avoir validé un bac + 5 à l'université.

Dans un secteur où l'aspect humain est aussi central, une expérience (bénévolat, animation, stage) est très souvent demandée.

INSERTION PROFESSIONNELLE

Études longues obligatoires ! Une licence de psychologie est nécessaire pour suivre la formation (en 2 ans) au DE de conseiller d'orientation-psychologue (DECOP). En revanche, aucune formation spécifique n'est exigée pour devenir conseiller en insertion sociale et professionnelle ou chargé de mission handicap. Mais un bac + 3 au minimum est recommandé : en sociologie ou psychologie, par exemple, pour le conseiller en insertion ; en commerce ou en droit pour le chargé de mission handicap. Dans les deux cas, posséder une expérience dans le domaine du recrutement et/ou des ressources humaines est particulièrement bienvenu.

AIDE À DOMICILE

Ces métiers sont accessibles avec des niveaux d'études très variables. Un assistant maternel n'a besoin d'aucun diplôme spécifique (mais suit une formation en cours d'emploi après l'obtention de l'agrément). D'autres métiers peuvent être exercés sans qualification, mais la tendance est à la professionnalisation. Il est donc recommandé d'obtenir un diplôme d'État (d'auxiliaire de vie sociale ou de technicien de l'intervention sociale et familiale). L'accès à ces formations ne nécessite pas d'avoir le bac.

DÉVELOPPEMENT LOCAL

Dans le domaine de la médiation sociale, plusieurs niveaux d'entrée sont possibles. Les postes de terrain sont accessibles avec un CAP agent de prévention et de médiation ou un bac pro services de proximité et vie locale. Les postes orientés vers la conception de programmes ou de projets requièrent au minimum une licence professionnelle, voire un master. L'accès au diplôme d'État d'ingénierie sociale est d'ailleurs réservé aux titulaires d'un bac + 5.

AVEC OU SANS LE BAC QUELLES ÉTUDES ?

Si certaines formations sont accessibles sans le bac, la plupart l'exigent. Quelques exemples des cursus possibles selon le projet professionnel et/ou la série de bac.

Sans le bac

Pour travailler dans le social, la palette de formations est large. Certains cursus sont accessibles sans le bac : les diplômes professionnels bien sûr (CAP, bacs pro), mais aussi certains brevets ou diplômes de l'animation, ou même les diplômes d'État (DE) d'auxiliaire de vie sociale, d'aide médico-psychologique, de technicien de l'intervention sociale et familiale et de moniteur-éducateur. Les deux derniers confèrent le niveau bac et permettent de poursuivre ensuite vers une formation post-bac. Attention toutefois, l'entrée dans ces formations est sélective et beaucoup de candidats ont un niveau d'études supérieur au minimum requis.

La plupart des formations sélectionnent à l'entrée, même celles qui n'exigent pas le bac.

© PEOPLEIMAGES/ISTOCK.COM

Après un bac pro

Les bacheliers pro services de proximité et vie locale (SPVL) et accompagnement, soins et services à la personne (ASSP) peuvent poursuivre en BTS économie sociale familiale (ESF), en BTS services et prestations des secteurs sanitaire et social (SP3S), ou rejoindre une école sociale préparant aux diplômes d'État (DE) d'aide médico-psychologique (DEAMP), d'auxiliaire de vie sociale (DEAVS), de technicien de l'intervention sociale et familiale (DETISF) ou de moniteur-éducateur (DEME). Les bacheliers pro, comme tous les bacheliers, sont dispensés des épreuves écrites à l'entrée des DE qui n'exigent pas le bac. L'université est un choix plus risqué, car les taux de réussite en licence après un bac pro sont faibles.

Après un bac ST2S

Déjà formés aux sciences et technologies sanitaires et sociales au lycée, les bacheliers ST2S figurent en bonne place parmi les étudiants des BTS SP3S et ESF, mais aussi parmi ceux qui se préparent au diplôme d'État de moniteur-éducateur (DEME).

À l'université, si le DUT carrières sociales semble bien adapté (surtout les options animation sociale et socioculturelle, assistance sociale et éducation spécialisée où les bacheliers ST2S représentent plus de 20 % des effectifs), les licences peuvent s'avérer plus difficiles pour ces bacheliers.

Après un bac STMG

On retrouve des bacheliers STMG en BTS SP3S et ESF, ainsi qu'en DUT carrières sociales. Parmi les diplômes d'État du secteur social, ces bacheliers s'orientent le plus souvent vers ceux de technicien de l'intervention sociale et familiale (DETISF), d'aide médico-psychologique (DEAMP), d'auxiliaire de vie sociale (DEAVS) et de moniteur-éducateur (DEME).

À l'université, ils sont présents en licence administration économique et sociale dont certains parcours sont orientés vers le secteur social.

Après un bac ES, L ou S

Les bacheliers ES arrivent en tête des inscrits dans la plupart des filières sociales. Ils sont 20 % en BTS ESF, et entre 30 et 40 % des effectifs selon les options en DUT carrières sociales. De même, ils sont majoritaires dans les écoles sociales (30 % des effectifs en DE d'éducateur spécialisé). Ils s'inscrivent également en nombre à l'université en licence de psychologie, sociologie, droit ou administration économique et sociale.

Les bacheliers L sont présents en écoles sociales où ils préparent de préférence le DE d'assistant de service social (DEASS) ou d'éducateur spécialisé (DEES). Mais les littéraires se tournent plus volontiers vers l'université, où ils s'inscrivent en licence de psychologie, de sociologie ou de droit.

Enfin, les bacheliers S sont peu représentés dans le secteur social.

5 QUESTIONS AVANT DE SE LANCER

Les cursus menant aux métiers du social sont divers. Durée, modalités d'études, conditions d'accès, passerelles... quelques repères pour mieux construire son parcours.

Un diplôme d'État
Sinon rien ?

Les diplômes d'État constituent la voie royale pour accéder aux métiers du travail social : éducateur spécialisé, conseiller en économie sociale et familiale, assistant de service social... Ce sésame est même obligatoire pour exercer la plupart de ces professions. Résultat : ces formations sont très demandées, avec trois fois plus de candidats que de places offertes à l'entrée de certaines d'entre elles. Pour mettre toutes les chances de leur côté, certains étudiants commencent par un premier cursus (BTS, DUT, licence) afin de prendre le temps de se préparer aux concours d'entrée des écoles sociales *(lire les parcours d'études pp. 96-99)*.

Expérience
Obligatoire ?

Dans un secteur où l'aspect humain et le relationnel sont aussi centraux, les expériences sont essentielles, et même exigées à l'entrée de certaines formations. Que ce soit en tant qu'animateur de colonie (ou de centre aéré) ou comme bénévole au sein d'une association, elles permettent en effet de se frotter à la réalité du terrain, de travailler en équipe, de se familiariser avec différents publics... Un bon moyen aussi d'affiner son projet et de choisir une spécialisation en connaissance de cause. Apportant un plus sur le CV, elles peuvent parfois déboucher sur un emploi.

© TOMAZL/ISTOCK.COM

École ou université
Comment choisir ?

Les deux parcours sont différents. Tandis que la voie universitaire donne davantage d'outils théoriques, une formation professionnelle apporte un bagage plus pratique. Mais les deux cursus peuvent être complémentaires. Certains commencent leurs études par l'un et terminent par l'autre. Ainsi, des passerelles existent pour rejoindre la 3e année d'un diplôme d'État (DE d'assistant de service social ou d'éducateur spécialisé, par exemple) après un DUT carrières sociales option assistance sociale ou éducation spécialisée. Autre itinéraire : continuer en licence puis en master de sociologie ou de psychologie après un DE, le temps de gagner en maturité ou en expertise.

Apprentissage
Une formule gagnante ?

Les diplômes d'État (DE) intègrent une grande part de stages, jusqu'à un tiers du cursus. Cette forte dimension pratique ne doit pas faire oublier l'apprentissage. L'un des avantages de cette formule est qu'elle permet à l'élève d'être plus à l'aise financièrement, car il est rémunéré et l'employeur paie la formation. Les écoles du social peuvent coûter cher et les semaines sont denses. Cumuler un petit boulot avec la préparation d'un DE est difficile.

Changer de voie
Est-ce possible ?

En préparant un diplôme d'État (DE), les élèves se forment à un métier précis. Difficile de bifurquer en cours d'études. Celui qui commence une formation a intérêt à valider son diplôme, quitte à en préparer un autre par la suite. Des allègements de cours existent entre DE proches (pour les titulaires du DE de moniteur-éducateur souhaitant préparer celui d'éducateur spécialisé, par exemple). Autre voie de formation ou d'évolution courante dans le secteur : la validation des acquis de l'expérience (VAE), qui permet de préparer un diplôme tout en travaillant.

Parcours atypiques et reconversions sont bien perçus dans le secteur.

LES DIPLÔMES PRO *à la loupe*

Après la 3e

→ En 2 ou 3 ans

Premiers diplômes de la voie professionnelle, un CAP ou un bac pro permettent à des jeunes intéressés par un secteur comme le social de se former à un métier. Des cursus qui font la part belle à la pratique.

FORMATION PROFESSIONNELLE

Le certificat d'aptitude professionnelle (CAP) comme le bac professionnel préparent à un métier. Si les programmes comprennent des matières générales (français, maths-sciences, histoire-géo, anglais...), ils privilégient les savoirs techniques et l'acquisition des gestes professionnels (soins de confort, nettoyage des équipements, activités d'éveil... pour le secteur social). Place aux travaux pratiques (TP), aux ateliers de groupe et aux stages en milieu professionnel (environ 7 semaines par an).

LYCÉEN OU APPRENTI

Le CAP se prépare en 2 ans après la 3e ; le bac pro, en 3 ans. La formation peut être suivie à temps plein en lycée professionnel, public ou privé. Elle peut s'effectuer en apprentissage, sous réserve d'avoir signé un contrat de travail avec un employeur. La formation alterne périodes en CFA (centre de formation d'apprentis) et périodes en entreprise (association, maison de retraite...).

ACCÈS SUR DOSSIER ET ENTRETIEN

L'admission en CAP ou en bac pro s'effectue après avis du conseil de classe de 3e suite à l'examen du dossier scolaire et à un entretien avec l'élève et ses parents *(lire p. 114)*. Dans certaines spécialités, la capacité d'accueil est limitée.

Possibilité de postuler directement en 1re pro après une 2de ou une 1re générale ou technologique, ou avec un CAP, sous réserve de places disponibles.

S'INSÉRER OU CONTINUER

Si un diplôme pro permet d'exercer un métier immédiatement, de nombreux diplômés, se sentant trop jeunes pour entrer dans le monde du travail, choisissent de continuer leurs études. Travailler auprès d'enfants, de personnes âgées ou handicapées exige en effet une certaine maturité... Avec le bac pro services de proximité et vie locale (SPVL) ou le bac pro accompagnement, soins et services à la personne (ASSP), il est possible de s'inscrire en BTS économie sociale familiale (ESF) ou d'intégrer une école sociale pour préparer un diplôme d'État (sur concours).

À savoir

Pour découvrir les diplômes professionnels et les métiers auxquels ils mènent, cap sur les mini-stages et journées portes ouvertes proposés par les établissements.

Repère

Le brevet d'études professionnelles (BEP) est une certification intermédiaire du cursus bac pro en 3 ans, reconnu à un niveau V (CAP).

Bac pro services de proximité et vie locale (SPVL)

POUR QUI ?

Les élèves de 3e principalement.

OÙ ?

Dans plus de 150 établissements (publics et privés). Possibilité d'apprentissage.

AU PROGRAMME

Ce bac pro permet de travailler auprès d'un public varié (adolescents, habitants d'un quartier, usagers d'un service public...). Ce diplôme forme à l'accompagnement de populations en difficulté. Quatre options sont proposées (deux sont enseignées selon le choix de l'établissement): activités de soutien et d'aide à l'intégration (aider des personnes à monter un dossier); activités participant à la socialisation et au développement de la citoyenneté (animation); gestion des espaces ouverts au public (accueil et orientation du public dans des centres commerciaux, des parcs d'attractions...); gestion du patrimoine locatif (gestion de logements sociaux). Au programme: enseignements généraux (français, histoire-géo, maths, sciences, anglais) et enseignements professionnels (environnement social, techniques de communication et de médiation...). 22 semaines de stage.

ET APRÈS ?

Les diplômés peuvent accéder à un emploi (comme animateur de quartier, médiateur, chargé d'accueil...), intégrer un BTS économie sociale familiale (ESF), un BTS services et prestations des secteurs sanitaire et social (SP3S) ou un diplôme d'État du secteur social (aide médico-psychologique, moniteur-éducateur...).

Bac pro accompagnement, soins et services à la personne (ASSP)

POUR QUI ?

Les élèves de 3e principalement.

OÙ ?

Dans plus de 800 établissements (publics et privés). Possibilité d'apprentissage.

AU PROGRAMME

Ce bac pro permet de travailler auprès d'enfants, de personnes âgées ou handicapées. En 3 ans, il forme à l'accueil, aux soins d'hygiène, à l'alimentation, au confort et à la sécurité des personnes. Ses enseignements portent aussi sur les activités de loisirs, le développement de l'enfant et l'autonomie des personnes. Deux options proposées: « en structure » (pour exercer en établissement sanitaire, social ou médico-social) et « à domicile » (moins répandue). Au programme: français, histoire-géo, maths, sciences, anglais, économie-gestion... et enseignements professionnels (services à l'usager, ergonomie et soins, animation-éducation à la santé, nutrition et alimentation, sciences médico-sociales, biologie et microbiologie appliquées). Quatre stages de 22 semaines au total, dont un auprès d'enfants (6 semaines en 2de) et trois auprès d'adultes non autonomes (en 1re et terminale).

ET APRÈS ?

Les diplômés peuvent accéder à un emploi (aide à domicile, personnel accompagnant en structure...), intégrer un BTS services et prestations des secteurs sanitaire et social (SP3S), un BTS économie sociale familiale (ESF) ou un diplôme d'État du secteur social (aide médico-psychologique, moniteur-éducateur...).

Quelles différences entre le bac pro SPVL et le bac pro ASSP ?

Le bac pro SPVL mène plus spécifiquement aux métiers du social. Il débouche sur l'aide aux populations en difficulté, avec des emplois dans l'animation de quartier, l'insertion professionnelle, chez les bailleurs sociaux... Le bac pro ASSP est davantage orienté vers le soin. Les titulaires de ce bac deviennent aide à domicile ou exercent en maison de retraite, où les besoins sont en augmentation en raison du vieillissement de la population.

→ D'autres diplômes

CAP agent de prévention et de médiation

Proposé dans 8 établissements seulement, ce CAP forme à la sécurité des personnes et à la gestion des conflits. Les enseignements portent sur l'environnement social et économique, la prévention, la santé publique, la communication et la médiation. Les diplômés peuvent entrer dans la vie active ou poursuivre vers le bac pro services de proximité et vie locale (SPVL).

Bac pro services aux personnes et aux territoires (SAPAT)

Proposé dans près de 400 établissements, ce bac pro agricole forme aux métiers d'auxiliaire de vie sociale ou d'aide médico-psychologique en milieu rural. Les enseignements professionnels portent sur les soins de santé et d'hygiène, l'alimentation, l'éducation sociale et familiale, la communication. Poursuite d'études possible vers les diplômes d'État du secteur social ou les BTS économie sociale familiale (ESF) et services et prestations des secteurs sanitaire et social (SP3S).

Quelles poursuites d'études ?

L'avis de Sophie Dessolin,

chef de travaux au lycée professionnel Les Palmiers à Nice

« Nous avons encore peu de recul sur les poursuites d'études après le bac pro ASSP (la première promotion a été diplômée en 2014). Pour une embauche en structure collective, il faut impérativement continuer vers un diplôme d'État (DE) : ces formations sont les plus connues du secteur et servent de référence aux grilles de salaires. Ce nouveau bac pro ouvre aussi les portes des BTS et des DUT. Nous encourageons donc ceux qui en ont le potentiel à s'y inscrire. Quant aux bacheliers SPVL, ils peuvent poursuivre avec un DE. Dans ce cas, ils sont dispensés des épreuves écrites de certains concours d'entrée, comme tous les bacheliers. »

LES DIPLÔMES DE L'ANIMATION *à la loupe*

Dépendant du ministère en charge de la Jeunesse et des Sports, ces formations n'exigent aucun diplôme. En revanche, il faut avoir 18 ans, une expérience dans le domaine et, si possible, le BAFA.

Aucun diplôme requis
→ En 1 à 3 ans

BAFA : FAIRE SES PREMIERS PAS

Le brevet d'aptitude aux fonctions d'animateur (BAFA) permet d'encadrer des jeunes en centre de loisirs ou de vacances, à titre occasionnel et non professionnel. Accessible dès l'âge de 17 ans, il peut se préparer pendant les congés scolaires. Compter 1 mois de formation théorique et pratique, répartie en trois sessions, pour un coût total de 800 à 1000 €. Le BAFA donne l'occasion d'acquérir une expérience : c'est un atout pour être admis dans une formation à l'animation (sociale et culturelle, notamment) et, plus largement, dans un cursus préparant à travailler avec un jeune public (comme certains diplômes d'État du secteur social).

BPJEPS : LE DIPLÔME DE RÉFÉRENCE

De niveau bac, le brevet professionnel de la jeunesse, de l'éducation populaire et du sport (BPJEPS) est le diplôme de référence pour l'animation. Cinq spécialités (animation culturelle, animation sociale, éducation à l'environnement vers un développement durable, loisirs tous publics, techniques de l'information et de la communication) à choisir selon son projet. En leur sein, des spécialisations plus pointues existent, telles qu'accompagnement et intégration des personnes en situation de handicap, animation et maintien de l'autonomie de la personne, animation et insertion sociale… Accessible dès l'âge de 18 ans, avec le BAFA ou une expérience en tant qu'animateur, le BPJEPS se prépare dans un organisme agréé sur une période allant de 1 an à 18 mois. Il peut déboucher sur des emplois en institution, auprès d'enfants, mais aussi en maison de retraite, auprès de personnes âgées.

DEJEPS, DESJEPS : VERS L'ENCADREMENT

De niveau bac + 2, le diplôme d'État de la jeunesse, de l'éducation populaire et du sport (DEJEPS) spécialité animation socio-éducative ou culturelle mène à des fonctions de chef de projet. Accessible avec le BPJEPS, il se prépare en 15 mois environ. De niveau bac + 3, le diplôme d'État supérieur de la jeunesse, de l'éducation populaire et du sport (DESJEPS) forme à la direction d'une structure.

Repère

Coûteuses (compter de 5 000 à 9 000 €), les formations menant au BPJEPS et au DEJEPS peuvent être suivies en apprentissage. Les frais d'études sont alors pris en charge par l'employeur.

À savoir

Le DUT carrières sociales propose une option animation *(lire p. 88)*.

Info@

www.jeunes.gouv.fr/bafa-bafd Un site unique pour s'inscrire dans un organisme préparant au BAFA.

www.sports.gouv.fr Des informations sur l'ensemble des formations de l'animation et du sport.

LES ÉCOLES SOCIALES *à la loupe*

Sans le bac

→ En 2 ans

Après le bac

→ En 3 ans

Accessibles sur concours, ces établissements délivrent, à la sortie, un diplôme d'État (DE) permettant d'exercer un métier bien précis (moniteur-éducateur, assistant de service social, éducateur spécialisé...).

DIPLÔME D'ÉTAT OBLIGATOIRE

En France, les professions sociales sont réglementées. Pour les exercer, il faut détenir le diplôme d'État (DE) correspondant. Celui-ci se prépare au sein d'instituts spécialisés, publics ou privés, agréés par le ministère des Affaires sociales. La durée des études est de 2 ans pour les cursus n'exigeant pas le bac (moniteur-éducateur) et de 3 ans pour les autres (éducateur spécialisé, assistant de service social...).

ACCÈS SUR CONCOURS

Les écoles sociales recrutent sur concours: épreuves écrites, puis entretien de motivation précédé parfois d'un entretien collectif. Les profils sont variés: certains candidats sortent du lycée (bac ES, L, quelques S, ST2S, STMG, bac professionnel), d'autres sont passés par l'université (licence de psychologie ou de sociologie, surtout). Une grande maturité et une solide motivation sont indispensables pour réussir les sélections. Pour augmenter leurs chances, beaucoup de candidats suivent une préparation spécifique au sein d'un institut, d'un lycée ou par correspondance *via* le Cned.

Par la suite, de nombreuses passerelles existent entre les DE (dispense d'une partie du concours d'entrée, allègement de programme...). En emploi, la validation des acquis de l'expérience (VAE) est un mode d'obtention fréquent d'un autre DE (d'éducateur spécialisé après celui de moniteur-éducateur, par exemple).

FORMATION PROFESSIONNELLE

Préparant à un métier, les écoles sociales favorisent la mise en situation professionnelle: travaux pratiques, projets, stages (un tiers de la formation), voire cursus en apprentissage. L'objectif pour l'étudiant: se confronter aux différents publics (enfants ou adultes handicapés, jeunes en difficulté...) et découvrir les structures où il pourra exercer (foyer d'accueil, institut spécialisé). Le programme est ajusté aux besoins de la profession: psychologie de l'enfant, par exemple, pour les éducateurs.

Repère

Une réforme des DE est à l'étude. Elle devrait conduire à leur intégration dans le système LMD (licence, master, doctorat).

Info@

www.onisep.fr/ecoles_sociales
Pour en savoir plus sur les formations du secteur social.

Faut-il suivre une préparation aux concours ?

La sélection à l'entrée des écoles sociales étant sévère, beaucoup d'établissements proposent une préparation aux épreuves. Ouvertes à tous mais pouvant coûter jusqu'à plusieurs milliers d'euros pour une année, ces « prépas » permettent de s'initier au travail social, d'évaluer les compétences attendues et de vérifier la pertinence de ses motivations. Mais elles doivent être enrichies par un vécu. En effet, elles ne garantissent pas à elles seules la réussite et combleront difficilement un manque d'expérience !

Quelles qualités et expériences recherchent les jurys ?

Dans un secteur où les professionnels sont souvent confrontés à des situations difficiles, une grande maturité et des qualités d'écoute sont attendues. Il est donc indispensable de se présenter aux concours en ayant déjà une expérience du terrain. Le BAFA, assorti de périodes d'activité en centre de loisirs ou colonie de vacances, est un atout. Le bénévolat est également un bon moyen de se confronter à la relation à l'autre, en dehors de sa famille et de son milieu social. Autant d'expériences qui viendront nourrir les échanges avec les jurys de concours. Autre qualité recherchée : une bonne expression orale et écrite.

Combien coûtent les formations menant aux diplômes d'État (DE) ?

Dans le social, les coûts de formation varient beaucoup : de quelques centaines d'euros à plusieurs milliers l'année, selon les écoles (publiques ou privées) et les diplômes préparés. Cependant, les élèves bénéficient le plus souvent de dispositifs d'aide au financement (bourses du conseil régional, par exemple, qui vont de 1000 € à plus de 5000 € par an). L'apprentissage est un autre moyen de faire baisser la facture, les frais de scolarité de l'apprenti étant pris en charge par l'employeur.

Quelles passerelles entre les formations sociales ?

Les passerelles sont nombreuses dans ce secteur. Le DE de moniteur-éducateur, qui est accessible sans condition de diplôme dès l'âge de 18 ans, offre ainsi un tremplin vers d'autres DE recrutant avec le bac, tel que le DE d'éducateur spécialisé (DEES) ou d'éducateur de jeunes enfants. Avec, en prime, d'importants allègements de formation. Commencer par un diplôme de niveau inférieur peut même constituer une stratégie, car cela permet d'acquérir à la fois connaissance du secteur et expérience, deux caractéristiques exigées à l'entrée des écoles. Par ailleurs, un concours permet aux titulaires du DEES de se former au métier d'éducateur de la protection judiciaire de la jeunesse (PJJ) et de travailler davantage auprès d'adolescents.

Diplôme d'État d'assistant de service social (DEASS)

POUR QUI ?

Principalement les titulaires d'un bac ES (34 % en 2013), mais aussi d'un bac L (25 %), STMG et ST2S. 30 % des admis ont un niveau supérieur au bac et ont validé une ou plusieurs années d'études supérieures. Accès possible en 3e année après un DUT carrières sociales option assistance sociale.

OÙ ?

Dans 73 établissements, dont 15 avec apprentissage.

QUELLE SÉLECTION ?

Accès sur concours (30 % de réussite en 2013) : épreuves écrites dont la nature peut varier selon les écoles (questionnaire d'actualité, réflexion à partir d'un texte…) et entretien de motivation. Quelques écoles proposent des écrits communs.

AU PROGRAMME

La formation dure 3 ans. Parmi les enseignements : théorie et pratique de l'intervention en service social, législation et politiques sociales, philosophie de l'action et éthique, droit, sociologie, psychologie, sciences de l'éducation, économie et démographie, santé… Environ un tiers du temps est consacré aux stages dans des lieux d'exercice diversifiés. Le DEASS est reconnu au niveau bac + 2. Il est obligatoire pour exercer.

ET APRÈS ?

Les principaux employeurs sont les collectivités territoriales, les hôpitaux, les établissements scolaires, les caisses de sécurité sociale. Possibilité d'intervenir auprès d'un public particulier en missions locales, associations, prisons… Possibilité de poursuivre vers un diplôme de l'encadrement (CAFDES, CAFERUIS ou DEIS).

Se préparer à la réalité

L'avis de Pierre Lozach,
responsable du DEASS de l'Institut de formation sociale des Yvelines (Ifsy) à Versailles

« Pour le DEASS, on n'exige pas des candidats qu'ils aient déjà une expérience dans le social, contrairement à ce qu'on demande pour le diplôme d'État d'éducateur spécialisé (DEES). De ce fait, pour certains étudiants, les stages et la rencontre avec la réalité des problématiques sociales peuvent être un choc. À cette occasion, ils sont confrontés à des situations complexes, parfois violentes. Certains craquent, surtout quand cela résonne avec leur propre histoire. Chaque année, sur 48 élèves, un ou deux abandonnent le cursus, malgré notre accompagnement pédagogique. Par ailleurs, la formation est très exigeante, et difficilement compatible avec un travail à l'extérieur. Il faut bien prévoir l'organisation et le financement des études pour pouvoir s'y consacrer exclusivement. »

CAFDES : certificat d'aptitude aux fonctions de directeur d'établissement ou de service d'intervention sociale.
CAFERUIS : certificat d'aptitude aux fonctions d'encadrement et de responsable d'unité d'intervention sociale.
DEIS : diplôme d'État d'ingénierie sociale.

Diplôme d'État de conseiller en économie sociale et familiale (DECESF)

POUR QUI ?

Les titulaires d'un BTS économie sociale et familiale (ESF), mais aussi d'autres diplômes du secteur social : DUT carrières sociales, DEES, DEEJE, DEASS ou DEETS.

OÙ ?

Dans 91 établissements, dont 13 avec apprentissage.

QUELLE SÉLECTION ?

Accès sur concours (37 % de réussite en 2013). Épreuves écrites et orales.

AU PROGRAMME

En 1 an, ce diplôme forme des spécialistes de l'organisation de la vie familiale (alimentation, vie sociale, budget...). Parmi les enseignements : histoire, philosophie, éthique, psychologie et pédagogie. Des cours portent aussi sur le surendettement, le droit des usagers de l'action sociale, les concepts de médiation et de négociation... 4 mois de stage. Aménagements de la formation pour les titulaires d'un autre diplôme que le BTS ESF afin qu'ils rattrapent certains enseignements. Le DECESF est reconnu au niveau bac + 2 et est obligatoire pour exercer.

ET APRÈS ?

Plus de la moitié des conseillers en économie sociale et familiale travaillent dans le secteur privé, au sein d'associations. Dans la fonction publique, ils exercent dans les services sociaux des collectivités locales ou dans des caisses d'allocations familiales... Possibilité de poursuivre vers un diplôme de l'encadrement (CAFERUIS, CAFDES ou DEIS).

Un DE reconnu au niveau européen, qu'est-ce que ça change ?

Comme le DEASS, le DEEJE, le DEES et le DEETS, le DECESF donne lieu à l'attribution de 180 crédits européens (ECTS) bien que donnant un niveau bac + 2. Cela signifie notamment que certains élèves peuvent suivre une partie de leur formation ou de leurs stages ailleurs, en Europe. Pour Marc Rousseau, directeur général adjoint d'Askoria, qui regroupe plusieurs centres de formation aux métiers de l'intervention sociale en Bretagne, *« c'est une richesse, car être ouvert sur le monde, c'est être ouvert aux autres. D'un point de vue professionnel, c'est très formateur de comprendre des systèmes sociaux différents et d'observer les solutions mises en place face à telle ou telle situation. Les approches et les dispositifs diffèrent parfois totalement. Cela permet de développer de nouvelles aptitudes »*.

DEEJE : diplôme d'État d'éducateur de jeunes enfants.
DEES : diplôme d'État d'éducateur spécialisé.
DEETS : diplôme d'État d'éducateur technique spécialisé.

Diplôme d'État d'éducateur spécialisé (DEES)

POUR QUI ?

De préférence, les bacheliers titulaires du BAFA et ayant une bonne connaissance du secteur. En 2013 : 23 % des admis ont un bac pro ; 18 % viennent de L, 18 % de STG (devenu STMG), 15 % de ES, 14 % de ST2S, 7 % de S. 24 % ont entamé des études supérieures. Accès possible en 3e année avec un DUT carrières sociales option éducation spécialisée.

OÙ ?

Dans 82 établissements, dont 41 avec apprentissage.

QUELLE SÉLECTION ?

Accès sur concours (30 % de réussite en 2013) organisé par chaque école. La nature des épreuves écrites peut varier (synthèse ou analyse de textes). Un entretien de motivation clôt la sélection. Une quinzaine d'établissements proposent un écrit commun.

AU PROGRAMME

Sur 3 ans, l'enseignement approfondit la relation et la médiation éducative, les techniques d'expression, l'approche psychologique de la personne (de la naissance à la vieillesse), le fonctionnement d'une collectivité... Et aussi : les acteurs de l'éducation spécialisée d'un point de vue administratif, juridique et politique ; l'analyse de situations personnelles et la mise en place d'un projet éducatif adapté. Au total, 15 mois de stage sont prévus dans des lieux d'exercice diversifiés. Le DEES est reconnu au niveau bac+2. Il est obligatoire pour exercer.

ET APRÈS ?

Emplois majoritairement dans le secteur associatif, mais aussi dans la fonction publique (collectivités locales). Possibilité de poursuivre vers un diplôme de l'encadrement (CAFDES, CAFERUIS ou DEIS).

En école, se spécialise-t-on auprès d'un public en particulier ?

Les stages permettent à chaque élève de se confronter à différents publics (personnes handicapées, âgées, enfants placés, jeunes en rupture sociale...). Et, dès la 2e année, de nombreuses options leur donnent la possibilité de se construire un profil plus spécialisé. Il arrive parfois que des préférences initiales évoluent, que des élèves finissent par vouloir travailler auprès d'un public avec lequel ils n'étaient pas forcément à l'aise au départ. Mais, une fois diplômés, ils peuvent aussi s'orienter vers certaines structures, et par conséquent un certain type de public, parce que le recrutement y est plus aisé.

CAFDES : certificat d'aptitude aux fonctions de directeur d'établissement ou de service d'intervention sociale.
CAFERUIS : certificat d'aptitude aux fonctions d'encadrement et de responsable d'unité d'intervention sociale.
DEIS : diplôme d'État d'ingénierie sociale.

Diplôme d'État de moniteur-éducateur (DEME)

POUR QUI ?

Aucun diplôme n'est exigé. Cependant, la plupart des candidats ont au moins un niveau bac ou sont déjà des professionnels du secteur social.

OÙ ?

Dans 78 établissements, dont 40 avec apprentissage.

QUELLE SÉLECTION ?

Accès sur concours (34 % de réussite en 2013). Chaque école organise sa sélection comprenant une épreuve écrite testant le niveau de français et la culture générale (les titulaires du bac ou équivalent en sont dispensés), et des épreuves orales destinées à évaluer les motivations et la maturité du candidat.

AU PROGRAMME

Sur 2 ans, les cours sont répartis en quatre domaines: accompagnement social et éducatif spécialisé (instaurer une relation, aider à la construction de l'identité et au développement des capacités, mener des activités de groupe...); participation à l'élaboration et à la conduite du projet éducatif spécialisé; travail en équipe pluriprofessionnelle (avec des éducateurs, des psychologues, des rééducateurs...); implication dans les dynamiques institutionnelles (situer son action dans le cadre des missions de l'institution, veille professionnelle). 7 mois de stage au total. Le DEME est reconnu au niveau bac. Il est obligatoire pour exercer.

ET APRÈS ?

Emplois majoritairement dans le secteur associatif, mais aussi dans la fonction publique (collectivités locales). Possibilité de poursuivre vers un DEES ou un DEEJE.

Les DE accessibles sans le bac, comme le DEME, sont-ils vraiment à la portée des non-bacheliers ?

Tout à fait. Ce sont des concours auxquels tout le monde peut se présenter. Selon Marc Rousseau, directeur général adjoint des centres de formation Askoria, *« ces diplômes sont une vraie chance pour ceux qui n'ont pas le bac. Ils sont accessibles même avec peu d'expérience. Encore faut-il savoir bien écrire et s'exprimer. Ce sont des cursus valorisants, qui mènent à des métiers de proximité, qui intéressent les jeunes »*.

DEEJE : diplôme d'État d'éducateur de jeunes enfants.
DEES : diplôme d'État d'éducateur spécialisé.

→ D'autres diplômes d'État (DE)

DE d'aide médico-psychologique (DEAMP)

Préparé dans une centaine d'établissements, le DEAMP est accessible sans condition de diplôme. 1 à 2 ans de formation.

DE d'auxiliaire de vie sociale (DEAVS)

Préparé dans une centaine d'établissements, le DEAVS est accessible sans condition de diplôme. 1 an de formation.

DE d'assistant familial (DEAF)

Préparé dans une dizaine d'établissements, le DEAF est accessible sans condition de diplôme. 18 à 24 mois de formation.

DE de technicien de l'intervention sociale et familiale (DETISF)

Préparé dans une quarantaine d'établissements, le DETISF est accessible sans condition de diplôme. 18 à 24 mois de formation.

DE d'éducateur de jeunes enfants (DEEJE)

Préparé dans une quarantaine d'établissements, le DEEJE est accessible avec le bac. 3 ans de formation.

DE d'éducateur technique spécialisé (DEETS)

Préparé dans une trentaine d'établissements, le DEETS est accessible avec un diplôme de niveau bac du secteur social ou paramédical. 3 ans de formation.

Qui sont les étudiants qui intègrent les DE ?

Depuis quelques années, la tendance est au rajeunissement des candidats. Même s'il y a encore un nombre important de professionnels en reconversion (60 % des élèves préparant le diplôme d'État de moniteur-éducateur et 58 % des élèves préparant le diplôme d'État d'aide médico-psychologique, par exemple), de plus en plus de jeunes préparent ces diplômes en formation initiale. *«Nos élèves apprécient la possibilité de travailler dans la relation à l'autre, dans une fonction où ils se sentiront utiles, où le travail est concret. Et ils sont rassurés par les bonnes perspectives d'emploi qu'offrent ces diplômes»*, analyse Marc Rousseau, directeur général adjoint des centres de formation Askoria.

Les diplômes du social par niveaux

Niveau d'accès	Diplômes	Durée de la formation	Niveau de reconnaissance	Nombre de diplômés en 2013
Sans le bac	DEAF : diplôme d'état d'assistant familial	De 18 à 24 mois	Niveau V (CAP)	1620
	DEAVS : diplôme d'État d'auxiliaire de vie sociale	De 9 à 36 mois	Niveau V (CAP)	3261
	DEAMP : diplôme d'État d'aide médico-psychologique	De 18 à 24 mois	Niveau V (CAP)	6895
	DEME : diplôme d'État de moniteur-éducateur	2 ans	Niveau IV (bac)	2734
	DETISF : diplôme d'État de technicien de l'intervention sociale et familiale	De 18 à 24 mois	Niveau IV (bac)	434
Avec le bac	DEETS : diplôme d'État d'éducateur technique spécialisé	3 ans	Niveau III (bac + 2)	236
	DEEJE : diplôme d'État d'éducateur de jeunes enfants	3 ans	Niveau III (bac + 2)	1516
	DEES : diplôme d'État d'éducateur spécialisé	3 ans	Niveau III (bac + 2)	4408
	DEASS : diplôme d'État d'assistant de service social	3 ans	Niveau III (bac + 2)	2351
Avec bac + 2 et plus	DECESF : diplôme d'État de conseiller en économie sociale et familiale	1 an	Niveau III (bac + 2)	1177
	DEMF : diplôme d'État de médiateur familial	Sur 3 ans max. (490 heures d'enseignements, 3 semaines de stage)	Niveau II (bac + 3/+ 4)	110
	CAFERUIS : certificat d'aptitude aux fonctions d'encadrement et de responsable d'unité d'intervention sociale	Sur 2 ans (400 heures d'enseignements, 3 mois de stage)	Niveau II (bac + 3/+ 4)	1183
	DEIS : diplôme d'État d'ingénierie sociale	Sur 3 ans max. (700 heures d'enseignements, 5 semaines de stage)	Niveau I (bac + 5)	166
	CAFDES : certificat d'aptitude aux fonctions de directeur d'établissement ou de service d'intervention sociale	Sur 30 mois max. (700 heures d'enseignements, 3 mois de stage)	Niveau I (bac + 5)	274

LES BTS *à la loupe*

Après le bac
→ En 2 ans

Deux brevets de technicien supérieur mènent aux métiers du social, l'un préparant à l'accompagnement individualisé (BTS ESF), l'autre formant plutôt à des tâches administratives et d'encadrement (BTS SP3S).

PLANÈTE MÉTIERS

Objectif des BTS : rendre les diplômés immédiatement opérationnels. Les enseignements pro occupent la moitié de l'emploi du temps en 1re année, les deux tiers en 2de année. S'y ajoutent 13 semaines de stage. Le reste est consacré aux matières générales (français, anglais, maths, économie...). Certains établissements proposent la formation en apprentissage.

AMBIANCE LYCÉE

Les étudiants retrouvent en STS (section de techniciens supérieurs) un cadre familier : le lycée le plus souvent, avec des classes de 30 élèves, une trentaine d'heures de cours par semaine et une assiduité obligatoire. Cours, travaux dirigés (TD), travaux pratiques (TP), devoirs et projets à rendre... le rythme est soutenu. Les frais de scolarité, gratuits dans le public, sont fixés par chaque établissement privé (où ils peuvent s'élever jusqu'à 5 000 €).

ADMISSION SUR DOSSIER

Les candidatures se font sur le portail APB. La sélection s'appuie sur les bulletins de 1re et de terminale et, parfois, des tests de niveau. Une lettre de motivation peut être jointe au dossier scolaire. Par ailleurs, les titulaires d'un bac professionnel ou technologique obtenu avec une mention « bien » ou « très bien » sont admis de droit dans une spécialité cohérente avec leur bac.

EXAMEN FINAL

Pour obtenir son BTS, il faut réussir un examen national en fin de 2de année, intégrant une part de contrôle continu. Les matières générales y pèsent parfois aussi lourd que les disciplines pro : à ne pas négliger donc ! Le BTS vaut 120 crédits européens (ECTS).

S'INSÉRER OU POURSUIVRE

Avec des entreprises demandeuses de diplômés à bac + 2, l'insertion est plutôt aisée. Presque la moitié des diplômés de BTS poursuivent toutefois leurs études. Les titulaires du BTS ESF suivent 1 an de licence professionnelle, ou s'orientent vers le diplôme d'État de conseiller en économie sociale et familiale (DECESF), en 1 an aussi. Les diplômés du BTS SP3S continuent surtout en licence pro.

À savoir

En STS, un quota de places est réservé aux bacheliers professionnels (depuis la loi sur l'enseignement supérieur et la recherche de juillet 2013). Ce quota est défini par chaque académie.

Repère

La durée de la formation peut être réduite pour les élèves qui viennent d'un 1er cycle de l'enseignement supérieur (autre BTS, licence) ou d'une classe préparatoire.

BTS économie sociale familiale (ESF)

POUR QUI ?

Majoritairement des bacheliers technologiques (41 %) - ST2S en particulier - et ES (19 %). Viennent ensuite les bacheliers pro (11 %). Quelques L (4 %) et S (2 %).

OÙ ?

Dans 132 établissements, dont 10 avec apprentissage.

AU PROGRAMME

Des enseignements techniques destinés à développer l'expertise dans les domaines de la vie quotidienne : cours sur l'équilibre alimentaire, l'hygiène, la santé, les pathologies liées au vieillissement... ; cours sur l'entretien du logement, le fonctionnement des appareils ménagers, la consommation en énergie... S'ajoutent des disciplines plus générales, mais toujours appliquées : gestion budgétaire, connaissance des politiques sociales, psychologie sociale... 13 semaines de stage sont prévues sur les 2 ans de formation.

ET APRÈS ?

Chargé de gestion locative, conseiller habitat... mais il est recommandé de prolonger ses études 1 an pour préparer le diplôme d'État de conseiller en économie sociale et familiale (DECESF). Possibilité de poursuivre également en licence professionnelle.

BTS ESF ou DUT carrières sociales ?

L'avis de Nathalie Cervantès,

coordinatrice du BTS ESF
au lycée du Parc Saint-Jean, à Toulon

« Polyvalent, le DUT carrières sociales prépare à trois métiers : assistant de service social, éducateur spécialisé et animateur socioculturel. Ce cursus, composé à 75 % d'enseignements de tronc commun, permet d'entrer directement en 3e année de formation aux diplômes d'État d'assistant de service social ou d'éducateur spécialisé, ainsi qu'au DEJEPS (lire p. 75). *De son côté, le BTS ESF ne mène qu'à une seule profession : celle de conseiller en économie sociale et familiale, à condition de continuer en DE. Le DUT carrières sociales s'adresse donc aux jeunes désireux d'exercer dans le social, mais encore indécis sur leur choix final de métier. La sélection à l'entrée, sur dossier, est tout aussi sévère dans les deux formations. »*

BTS services et prestations des secteurs sanitaire et social (SP3S)

POUR QUI ?

Majoritairement des bacheliers technologiques (46 %) - ST2S en particulier - et professionnels (16 %). Suivent les bacheliers ES (11 %). Une poignée de bacheliers L (3 %) et S (1 %).

OÙ ?

Dans 138 établissements, dont 15 avec apprentissage.

AU PROGRAMME

Des enseignements technologiques centrés sur la culture sanitaire et sociale : « institutions et politiques sanitaires et sociales », « publics, prestations et services », « techniques de gestion administrative et financière »... Un deuxième bloc d'enseignements est consacré à la communication professionnelle : techniques de l'information, connaissance des systèmes d'information et des réseaux, gestion des ressources humaines, démarche de projet... 13 semaines de stage sont prévues (6 semaines en 1re année et 7 semaines en 2de année).

ET APRÈS ?

Postes principalement dans la fonction publique comme gestionnaire-conseil dans les organismes de protection sociale, responsable de secteur en service d'aide à domicile... Mais il est recommandé de poursuivre vers un bac + 3, en licence professionnelle, par exemple. Possibilité aussi de poursuivre en licence générale sciences sanitaires et sociales.

À quels métiers mène le BTS SP3S ?

L'avis d'Éric Baldoureaux,
enseignant en sciences et techniques médico-sociales au lycée Bonaparte, à Toulon

« Ce BTS ne mène pas aux métiers du travail social, mais à des métiers administratifs dans le secteur sanitaire et social (en maison de retraite, foyer d'hébergement, services d'aide à la personne, hôpital...). Le spectre est large et dépend du niveau de diplôme. Les titulaires de ce BTS peuvent exercer comme responsables de secteur dans des associations d'aide à domicile, par exemple. Ils peuvent aussi devenir conseillers d'insertion (en mission locale, à Pôle emploi...) ou occuper des postes administratifs au sein d'organismes de protection sociale (caisses d'allocations familiales, de sécurité sociale). La poursuite d'études après le BTS permet d'accéder à des postes de direction d'une structure d'aide à domicile (avec une licence pro) ou d'un établissement social ou médico-social (avec un master). »

LES DUT à la loupe

Un seul diplôme universitaire de technologie forme aux métiers du travail social : le DUT carrières sociales, qui se décline en cinq options. Pour beaucoup d'étudiants, il constitue un tremplin vers des études plus longues.

Après le bac
→ En 2 ans

THÉORIE ET PRATIQUE

Plus polyvalent que le BTS, le DUT accorde autant de place à la théorie qu'à l'enseignement professionnel. Des projets à réaliser et 10 semaines de stage au minimum sensibilisent les étudiants au monde de l'entreprise. En 2de année, des enseignements préparent à la poursuite d'études ou à l'insertion. Un seul institut universitaire de technologie (IUT) propose la formation en apprentissage.

TRAVAIL ENCADRÉ

L'IUT offre les avantages de l'université (proximité avec la recherche, frais d'inscription d'environ 200 €...), tout en assurant un suivi pédagogique plus étroit. Les cours magistraux en amphi représentent moins du quart des quelque 30 heures de cours hebdomadaires. Le reste du temps est consacré à des travaux réalisés en petits groupes. Prévoir aussi beaucoup de travail personnel.

ACCÈS SÉLECTIF

Les candidatures se font *via* le portail APB. Sont examinés les profils de bac, les résultats obtenus depuis la classe de 1re, les appréciations des enseignants, la lettre de motivation. Certains IUT organisent des entretiens ou des tests. Les titulaires d'un bac technologique obtenu avec la mention « bien » ou « très bien » sont admis de droit dans une spécialité compatible avec leur bac.

CONTRÔLE CONTINU

Les étudiants sont évalués grâce aux interrogations, aux exposés, aux projets et au mémoire professionnel qui jalonnent la formation. Pour obtenir le DUT, il faut valider les 4 semestres valant chacun 30 crédits européens (ECTS).

NOMBREUSES POURSUITES D'ÉTUDES

Malgré des débouchés souvent assurés, quatre diplômés sur cinq poursuivent leurs études. Ils s'orientent alors en licence professionnelle ou en licence, ou rejoignent une école spécialisée.

À savoir

Si les DUT accueillent en majorité des bacheliers généraux, un quota de places est désormais réservé aux bacheliers technologiques.

Repère

Un seul IUT propose aux candidats ayant suivi 2 années d'études supérieures une formation en carrières sociales en 1 an appelée « année spéciale » (AS).

DUT carrières sociales

POUR QUI ?

Bacheliers ES surtout, mais aussi ST2S, L. Quelques STG (devenu STMG), S et bacheliers professionnels (7 %).

OÙ ?

Dans 5 à 16 IUT, selon les options. Parfois une seule option est proposée dans un établissement *(lire p. 135)*.

AU PROGRAMME

Cinq options sont proposées par ce DUT, qui correspondent chacune à un type de débouché : animation sociale et socioculturelle, assistance sociale, éducation spécialisée, gestion urbaine, services à la personne. Mais 75 % des enseignements sont communs. Ceux-ci portent sur les publics et les dispositifs de l'aide sociale (politiques publiques, enjeux économiques et sociaux, organisations politiques et administratives, méthodologie d'enquête...). Des cours de sociologie, de psychologie, de sciences de l'éducation, d'économie complètent le tronc commun. Les 25 % restants sont consacrés aux enseignements spécifiques à chaque option. 12 semaines de stage.

ET APRÈS ?

Si le DUT permet d'exercer en tant que travailleur social, la plupart des diplômés choisissent de poursuivre leurs études en licence professionnelle, en licence, ou préparent un diplôme d'État du social (DE d'assistant de service social ou d'éducateur spécialisé). Ce DUT permet aussi de se présenter aux concours d'éducateur de la protection judiciaire de la jeunesse (PJJ) ou de conseiller pénitentiaire d'insertion et de probation.

Quelle sélection ?

L'avis de John-Pol Pierrel,

chef du département carrières sociales à l'IUT de Belfort

« Le DUT carrières sociales est très sélectif, car présent dans peu d'établissements. Notre IUT, qui propose les options assistance sociale, gestion urbaine et services à la personne, reçoit plus de 1 000 candidatures pour 120 places. Avoir un bon dossier ne suffit pas. S'investir dans une association, par exemple, afin d'avoir une première expérience du terrain peut faire la différence entre les candidats. Le choix de l'option dépend ensuite du métier envisagé. »

LES LICENCES PRO *à la loupe*

Une trentaine de licences professionnelles (LP) dans le secteur social permettent aux titulaires d'un bac + 2 d'affiner leur spécialisation ou d'acquérir une nouvelle compétence. Et, surtout, de développer leur expérience.

Après un bac + 2

→ En 1 an

SÉLECTION

L'admission en licence pro est sélective. Certains profils (BTS, DUT ou L2) sont privilégiés selon les spécialités. La sélection se fait principalement sur dossier. Une attention particulière est portée à la connaissance du terrain. Mentionner toute activité hors cursus (bénévolat, jobs, stages) est une nécessité, surtout pour les étudiants venant d'une 2e année de licence (qui ont moins de pratique à leur actif). Il est souvent demandé de joindre au dossier une lettre expliquant son projet professionnel. Elle sert de base à l'entretien de motivation.

EFFECTIFS RÉDUITS

L'enseignement a lieu en institut universitaire de technologie (IUT) ou à l'université dans une unité de formation et de recherche (UFR) de sciences humaines et sociales, d'administration économique et sociale (AES) ou d'économie et de gestion pour les LP du secteur social. Les effectifs sont restreints, avec environ une trentaine d'étudiants par promotion.

UNE FORMATION PROFESSIONNELLE

Point fort de cette formation : l'expérience professionnelle. Les étudiants effectuent 12 à 15 semaines de stage et réalisent un projet tutoré (organisation d'un événement, réalisation d'une enquête...), le plus souvent en groupe et en partenariat avec une entreprise. Les cours sont assurés conjointement par des professeurs et des professionnels. Certaines licences peuvent être préparées en contrat d'apprentissage.

Retrouvez les spécialités de licences pro pp. 136, 137.

OBJECTIF : INSERTION

En principe, la licence pro n'appelle pas de poursuite d'études. Les étudiants sont opérationnels dès leur sortie. Ils ont acquis un niveau bac + 3, reconnu dans le système LMD (licence, master, doctorat), et ont renforcé leur expérience professionnelle. La licence pro ne garantit ni salaire plus élevé ni responsabilités plus importantes par rapport aux diplômes de BTS ou de DUT, mais elle représente un atout pour accélérer l'insertion et la progression de carrière.

Repère

Dans la nouvelle nomenclature, les licences pro du secteur ont pour domaine de rattachement l'intervention sociale.

LES LICENCES ET MASTERS *à la loupe*

Après le bac

→ En 3 à 5 ans

Psychologie, sociologie, administration économique et sociale… l'université propose de nombreuses spécialisations, généralistes ou plus pointues. Un parcours à construire pas à pas jusqu'au master (bac + 5).

UN PARCOURS EN DEUX TEMPS

Les études longues à l'université commencent par la licence (bac + 3), généraliste. Pour développer leur compétence professionnelle, ses titulaires poursuivent le plus souvent en master ou rejoignent une école spécialisée. Ceux qui ne souhaitent pas aller jusqu'à bac + 5 peuvent, après la 2e année de licence (L2), préparer une licence professionnelle en 1 an.

BIEN CHOISIR SA FILIÈRE

Lettres, droit, psychologie, maths, sciences de la vie… la mention visée correspond-elle à son profil et à son projet ? Il est indispensable de prendre l'avis d'enseignants lors des journées portes ouvertes (JPO) ou du dispositif proposé par le portail d'inscription APB *(lire p. 115)*. Car, si la plupart des licences sont ouvertes à tous les bacheliers, certaines séries de bac sont plus adaptées.

UNE SPÉCIALISATION PROGRESSIVE

Assurant la transition entre le lycée et l'université, la 1re année de licence (L1) est pluridisciplinaire. Ce qui facilite au besoin les changements de cap. C'est durant les 2 années suivantes (L2 et L3) que l'on approfondit les bases acquises en L1. Amorcée en L3 par un choix de parcours, la spécialisation prend effet au cours des 2 années de master. À noter : un stage ou un cursus alternant cours et emploi renforcent la professionnalisation.

LIBERTÉ À SURVEILLER

Au début, les étudiants peuvent avoir l'impression que le rythme est moins intensif qu'au lycée. Or le travail personnel - revoir ses cours, les enrichir par des recherches, préparer les travaux dirigés (TD) - exige un investissement important. Le tutorat proposé par des étudiants plus avancés, les séances de soutien assurées par les enseignants et les bilans d'étape constituent autant d'aides pour réussir.

Repère

L1, L2, L3 : les 3 années de licence. Accès direct possible selon son profil. On peut commencer par un DUT ou par une classe prépa avant de rejoindre la licence.

M1, M2 (les 2 années de master) : accès de droit en M1 avec une licence compatible, sinon sur dossier ; accès sélectif en M2.

Info@

www.onisep.fr/organisation_licence
Pour découvrir les 3 années de licence.

www.onisep.fr/reussir_licence
Conseils pour passer le cap de la 1re année à la fac.

Sociologie, psychologie : pour quel profil ?

Il n'y a pas de profil type pour ces licences qui accueillent aussi bien des bacheliers ES que L. L'important ? Avoir un réel intérêt pour les sciences humaines et ne pas être rebuté par les matières scientifiques qui constituent une part importante du programme ! En effet, la licence de psychologie comprend aussi des cours de biologie, de physiologie, de neurosciences… De son côté, la licence de socio compte, en plus des enseignements de sociologie, anthropologie ou philosophie, des cours de statistiques (utiles notamment pour les enquêtes). Renseignez-vous bien sur le programme de ces deux licences avant de vous lancer.

À quel moment se spécialise-t-on dans le social ?

Dans certaines universités, dès la L2 de sociologie ou de psychologie, les étudiants peuvent donner une teinte « sociale » à leur cursus en choisissant certaines options. D'autres proposent, en L3, des parcours complets sur ces problématiques. *« Ce sont de bonnes préparations aux concours des écoles sociales »*, estime Corinne Saint-Martin, responsable du parcours développement social à Toulouse 2. Autre possibilité : s'orienter vers une licence professionnelle du domaine après une L2 *(lire pp. 136, 137)*. Enfin, les masters constituent un dernier palier de spécialisation avec une offre riche : intervention sociale, développement social, gestion d'organismes sociaux…

→ D'autres licences

Sciences de l'éducation

Quelques universités dispensent cette mention dès la L1, mais on la trouve généralement en L3. Elle accueille majoritairement des titulaires d'une L2 en sciences humaines et sociales (SHS) ou d'un DUT carrières sociales. Plusieurs parcours orientés vers le social existent (intervention sociale et insertion professionnelle ; éducation, travail social, santé et handicap…). Au programme : sociologie, psychologie, philosophie, histoire…

Administration économique et sociale (AES)

Cette mention commence dès la L1. Pluridisciplinaire, elle mélange droit, économie-gestion et sciences sociales. Divers parcours orientés vers le social existent en L3. Ces cursus préparent surtout à des métiers de gestion ou d'encadrement dans les structures sanitaires et sociales.

Retrouvez tous les masters sur www.onisep.fr.

LA FILIÈRE JUSTICE *à la loupe*

Après un bac + 2

→ En 2 ans

Certains métiers sont à la frontière du social et du judiciaire. Pour s'y préparer, cap sur les formations délivrées par deux écoles rattachées au ministère de la Justice.

FONCTIONNAIRES STAGIAIRES

À Agen, l'École nationale d'administration pénitentiaire (Enap) forme les personnels pénitentiaires (surveillance, administration, direction, maintenance des locaux…), et notamment les conseillers pénitentiaires d'insertion et de probation. De son côté, l'École nationale de protection judiciaire de la jeunesse (ENPJJ), située à Roubaix, forme les professionnels de la justice des mineurs. Elle prépare à plusieurs métiers : éducateur de la PJJ, chef de service et d'établissement, psychologue… Pendant leur formation, les élèves ont le statut de fonctionnaires stagiaires et sont rémunérés.

NIVEAUX D'ACCÈS

Ces formations ne sont pas accessibles dès le bac. Pour devenir conseiller d'insertion et de probation ou éducateur de la PJJ, un bac + 2 est exigé (en droit, histoire ou sociologie le plus souvent). Ce cursus accueille aussi des personnes en reconversion professionnelle.

DES FILIÈRES SÉLECTIVES

Les concours sont un passage obligé et très sélectif. Les candidats sont souvent plus diplômés que ce qui est demandé, en raison de la difficulté des épreuves et du grand nombre de postulants. Il existe des prépas, notamment pour le concours d'éducateur de la PJJ. L'ENPJJ propose même une classe préparatoire intégrée (CPI), qui dure 5 mois, de septembre à janvier (25 places).

DE NOMBREUX STAGES

Donnant un accès direct à un métier, ces formations accordent une place importante aux stages : l'ensemble de la 2e année, dans le cas des formations de conseiller pénitentiaire d'insertion et de probation ou d'éducateur de la PJJ.

À savoir ✓

Un conseiller pénitentiaire d'insertion et de probation en formation touche 1566 € net par mois ; un éducateur de la PJJ, 1445 €.

Conseiller pénitentiaire d'insertion et de probation

POUR QUI ?

Les titulaires d'un diplôme de niveau bac + 2. La plupart des candidats ont au moins un bac + 3, voire un bac + 5 (en droit, histoire, sociologie...).

OÙ ?

À l'École nationale d'administration pénitentiaire (Enap), à Agen (47).

QUELLE SÉLECTION ?

Accès sur concours (composition sur l'évolution politique, économique et sociale de la France; note de synthèse à partir d'un dossier portant sur les libertés publiques ou certaines problématiques liées à la justice; oral d'admission). En 2014, 7 632 candidats se sont présentés pour 362 places.

AU PROGRAMME

La formation dure 2 ans. Côté théorie, trois objectifs en 1re année : comprendre le cadre des activités du conseiller pénitentiaire (histoire et droit pénitentiaire, insertion et prévention de la récidive, règles pénitentiaires européennes, approche des religions, insertion sociale). Ensuite, maîtriser les outils et les techniques (criminologie clinique, psychiatrie criminelle, prévention du suicide, dispositifs d'accès à l'emploi...). Enfin, apprendre à adapter la prise en charge de personnes handicapées, alcooliques, violentes... La 2de année est consacrée à un stage long.

ET APRÈS ?

Poste en prison ou en milieu ouvert. Possibilité de devenir chef de service d'insertion et de probation.

Éducateur de la PJJ

POUR QUI ?

Les titulaires d'un diplôme de niveau bac + 2 (DUT carrières sociales, diplôme d'État d'éducateur spécialisé...). La plupart des candidats ont au moins un bac + 3 (en droit, histoire, sociologie, sciences de l'éducation...).

OÙ ?

À l'École nationale de protection judiciaire de la jeunesse (ENPJJ), à Roubaix (59).

QUELLE SÉLECTION ?

Accès sur concours (dissertation sur un sujet de société; entretien avec un jury). En 2015, 1092 candidats se sont présentés pour 90 places.

AU PROGRAMME

La formation dure 2 ans. En 1re année, quatre sessions de cours pour apprendre les bases théoriques (cadre général de la justice des mineurs, sciences de l'éducation, sociologie...), mais aussi les techniques professionnelles (conduite d'un entretien, rédaction d'un rapport au juge). La 2e année est consacrée aux stages.

ET APRÈS ?

Une fois diplômés, les éducateurs de la PJJ débutent en centre de placement. Possibilité de devenir chef de service éducatif ou responsable d'unité éducative, au sein de la PJJ.

PARCOURS D'ÉTUDES

À chacun son chemin

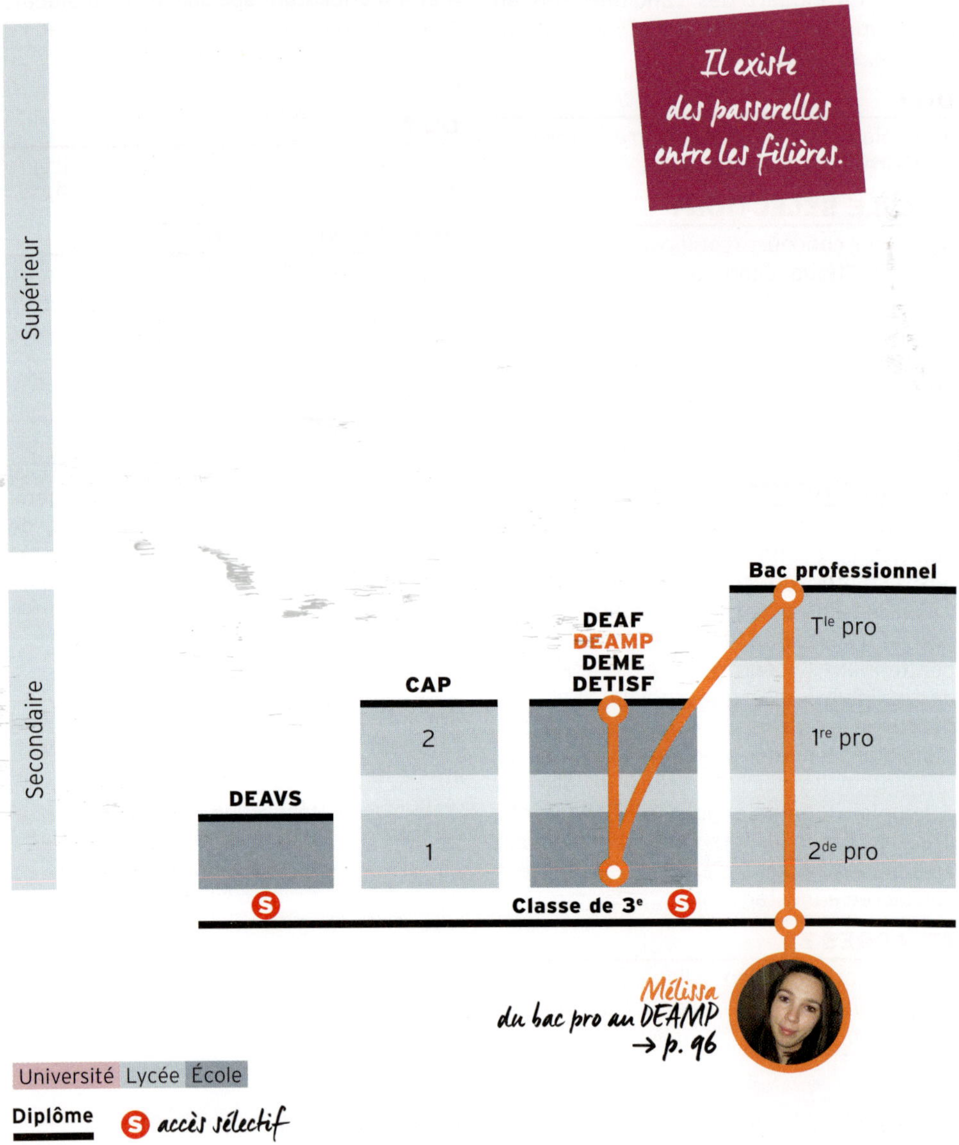

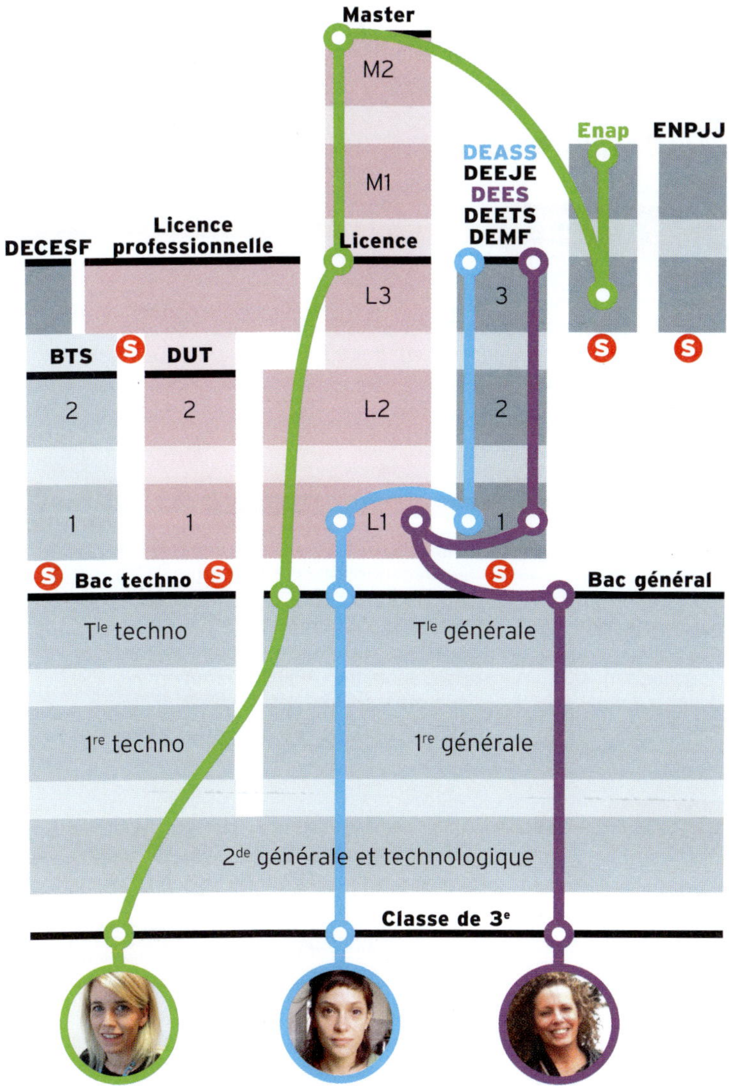

Joëlle
du bac L à l'Enap
→ p. 97

Airelle
du bac ES au DEASS
→ p. 98

Aurélie
du bac ES au DEES
→ p. 99

Lexique

DEAF : diplôme d'État d'assistant familial

DEAMP : diplôme d'État d'aide médico-psychologique

DEASS : diplôme d'État d'assistant de service social

DEAVS : diplôme d'État d'auxiliaire de vie sociale

DECESF : diplôme d'État de conseiller en économie sociale et familiale

DEEJE : diplôme d'État d'éducateur de jeunes enfants

DEES : diplôme d'État d'éducateur spécialisé

DEETS : diplôme d'État d'éducateur technique spécialisé

DEME : diplôme d'État de moniteur-éducateur

DEMF : diplôme d'État de médiateur familial

DETISF : diplôme d'État de technicien de l'intervention sociale et familiale

Enap : École nationale d'administration pénitentiaire

ENPJJ : École nationale de protection judiciaire de la jeunesse

L : licence - **M :** master

VERS LE DIPLÔME D'ÉTAT D'AIDE MÉDICO-PSYCHOLOGIQUE

« C'est la mission locale qui m'a fait connaître ce métier. »
Mélissa Alvarez, 28 ans

1 BAC PRO

Mélissa prépare un bac pro services en milieu rural*, avec le projet de devenir infirmière : *« Une orientation que je trouvais logique. »* Durant sa formation, elle effectue des stages en maison de retraite et aide des personnes âgées à leur domicile. Parallèlement, elle est bénévole auprès de malades du sida, *« une expérience très enrichissante »*.

2 RÉORIENTATION

Mais elle échoue au concours d'entrée en école d'infirmières. Elle suit un atelier d'aide au choix professionnel sanitaire et social, conseillé par sa mission locale. C'est alors qu'elle découvre le métier d'aide médico-psychologique (AMP). *« Ce qui m'a plu, c'est que cette activité repose sur le contact humain et pas seulement sur le soin. »*

3 PRÉPARATION AU CONCOURS

Bien que son bac pro la dispense des examens écrits, elle décide de mettre toutes les chances de son côté et de suivre, pendant 4 mois, une préparation à l'oral. *« On devait suivre l'actualité sanitaire et sociale et restituer nos connaissances à l'oral. Les conseils que l'on m'a donnés m'ont permis de réussir le concours. »*

4 LA FORMATION D'AMP

Mélissa prépare son diplôme d'État en 1 an, alternant cours théoriques et périodes de stage. Au total, elle passe 2 mois sur le terrain. *« Observer, écouter, et apprendre à connaître les résidents demande du temps. »*

Jeune diplômée, Mélissa cherche maintenant à intégrer une structure. *« Je ne me sens pas prête pour exercer seule. Savoir que je travaillerai au sein d'une équipe est rassurant. »*

* Devenu depuis le bac pro services aux personnes et aux territoires (SAPAT).

VERS UNE FORMATION DE CONSEILLER PÉNITENTIAIRE D'INSERTION ET DE PROBATION

« Mon stage m'a permis de découvrir le milieu carcéral. »

Joëlle Lemoine, 35 ans

1 DROIT

Après un bac L, Joëlle se tourne vers le droit, à l'université de Dijon. Intéressée depuis toujours par la question carcérale, elle passe sa licence puis un DEA (correspondant actuellement à un M2). *« Je voulais devenir directrice de prison. »* Un stage de 1 mois au département réinsertion des services pénitentiaires lui permet de visiter des établissements et renforce sa motivation.

2 SCIENCES PÉNITENTIAIRES

Dans le même temps, elle apprend que l'équivalent d'un M2 en sciences pénitentiaires ouvre dans une université parisienne. C'est ce qu'il lui faut ! Elle mène les deux diplômes de front. À Paris, beaucoup de ses camarades sont des professionnels : directeurs de prison, éducateurs et... conseillers pénitentiaires d'insertion et de probation (CPIP). *« Je connaissais mal ce métier. Il m'est apparu comme un excellent moyen de découvrir le milieu carcéral et les publics accueillis. De plus, l'activité est en lien avec mes études de droit, puisque le CPIP collabore avec les juges. »*

3 CONCOURS DE CPIP

Avant de se lancer, Joëlle s'octroie une année sabbatique au Mexique, un peu à l'aventure *« pour se forger une expérience du monde »*. À son retour, elle se plonge dans ses cours et réussit le concours de CPIP. Elle entame alors la formation de 2 ans dispensée par l'Enap. Elle apprend les bases théoriques de son métier en 1re année, puis effectue son stage à la maison d'arrêt de Nanterre en 2de année.

Joëlle est confirmée à son poste à la maison d'arrêt de Nanterre. Puis, au bout de 4 ans, elle choisit d'exercer en milieu ouvert *« pour découvrir un autre aspect du métier et prendre du recul par rapport au milieu carcéral »*.

VERS LE DIPLÔME D'ÉTAT D'ASSISTANT DE SERVICE SOCIAL

« Ce qui é été décisif ? Mon stage long de 2e année. »

Airelle Gallois, 26 ans

1 DÉTOUR PAR LA FAC

Après son bac ES, Airelle s'inscrit à la fac en sciences du langage avec l'ambition de devenir orthophoniste. *« J'ai toujours été attirée par le domaine du paramédical. »* Mais elle abandonne assez vite et reconsidère son projet professionnel.

2 NOUVEAU PROJET

Elle se renseigne alors sur la profession d'assistante sociale, séduite *« par les différents volets qu'offre ce métier »*. Pour se donner toutes les chances d'intégrer une école, elle suit une préparation au concours. *« Nous étions un petit groupe. J'ai pu échanger avec les autres, réfléchir à mes propres motivations. »*

3 EN ÉCOLE SOCIALE

La stratégie d'Airelle est payante : elle intègre, à 20 ans, une formation au diplôme d'État d'assistant de service social (DEASS). Elle effectue ensuite son premier stage d'observation à l'Hôtel-Dieu, à Paris, dans l'unité de psychiatrie.

4 DÉCLIC SECTEUR

« C'est mon stage long de 2e année qui a été décisif. » Airelle l'effectue dans un centre de rééducation fonctionnelle accueillant des enfants et des adultes handicapés. *« J'ai pu enfin mettre en pratique les cours : organiser le suivi des patients, planifier mes entretiens… Faire partie d'une équipe pluridisciplinaire assurant une prise en charge globale m'a beaucoup plu. »* Elle sait alors qu'elle a trouvé le secteur où elle exercera après sa sortie de l'école : celui de la santé.

Une fois diplômée, Airelle a trouvé très vite un poste au sein de la fonction publique hospitalière. Elle exerce depuis 3 ans à l'hôpital de Montreuil (93).

VERS LE DIPLÔME D'ÉTAT D'ÉDUCATEUR SPÉCIALISÉ

« Les expériences de terrain : une bonne préparation au concours. »

Aurélie Morand, 33 ans

1 FAC DE PSYCHO

Après son bac ES, Aurélie s'inscrit en fac de psychologie. *« Je voulais travailler auprès d'enfants en difficulté, sans avoir de métier précis en tête. Ce cursus me permettait d'acquérir les bases théoriques, tout en me laissant le temps de mûrir mon projet professionnel. »*

2 PREMIÈRES EXPÉRIENCES

Mais elle arrête vite les cours, sûre de vouloir devenir éducatrice spécialisée. *« J'ai commencé à me renseigner sur la formation. Pour intégrer une école, avoir de l'expérience était obligatoire. »* Pendant 2 ans, elle effectue plusieurs stages et CDD en tant qu'animatrice de quartier auprès d'enfants en difficulté ou comme auxiliaire de vie scolaire dans des écoles. *« Les expériences de terrain m'ont permis de gagner en maturité et ont été une bonne préparation au concours. »*

3 CONCOURS RÉUSSI

Sa stratégie paie : Aurélie intègre un IRTS pour préparer le diplôme d'État d'éducateur spécialisé (DEES). *« À l'oral d'admissibilité, on doit parler de soi. Le jury teste ainsi notre motivation. Mes diverses expériences ont montré que j'avais un désir ancien et solide de faire ce métier. »*

4 DÉCLIC SECTEUR

Elle effectue son stage de 2e année dans un service de l'aide sociale à l'enfance (ASE), où elle suit des jeunes placés sur décision judiciaire ou administrative. Une expérience « fondatrice » qui détermine son choix de secteur à la sortie de l'école.

Après 4 ans d'exercice dans un service de l'ASE, Aurélie s'occupe d'un autre public et travaille aujourd'hui dans un centre d'hébergement d'urgence pour femmes victimes de violences.

EMPLOI

© GRÉGOIRE MAISONNEUVE/ONISEP

LES ENTREPRISES DU SECTEUR

Pour une association, dans la fonction publique, auprès d'enfants ou d'adultes marginalisés, handicapés ou dépendants... plus de 1,2 million de travailleurs sociaux exercent en France dans des cadres très divers.

ASSOCIATIONS

Premier employeur du secteur, les associations gèrent la plupart des établissements à caractère social: maisons de retraite, centres d'accueil, foyers pour enfants handicapés... Souvent créées par les familles, certaines sont devenues des institutions, comme l'Unapei, par exemple, qui fédère les associations spécialisées dans le handicap mental et compte 3100 établissements et 80000 salariés.

AUPRÈS DE PARTICULIERS

300000 assistantes maternelles et beaucoup de professionnels de l'aide à domicile sont employés par des particuliers. Cela représente 40% des travailleurs sociaux! C'est donc une part majeure de l'emploi social, mais qui concerne surtout les services à la personne.

COLLECTIVITÉS LOCALES

Au niveau du département, le conseil général gère un grand nombre de services d'action sociale: aide sociale à l'enfance, aux personnes âgées et handicapées... Dans les villes, les centres communaux d'action sociale (CCAS) aident les populations vulnérables. C'est également au sein des collectivités locales que se trouvent une grande partie des postes en lien avec la politique de la ville (ingénieur social...). Au total, celles-ci emploient environ 175000 travailleurs sociaux.

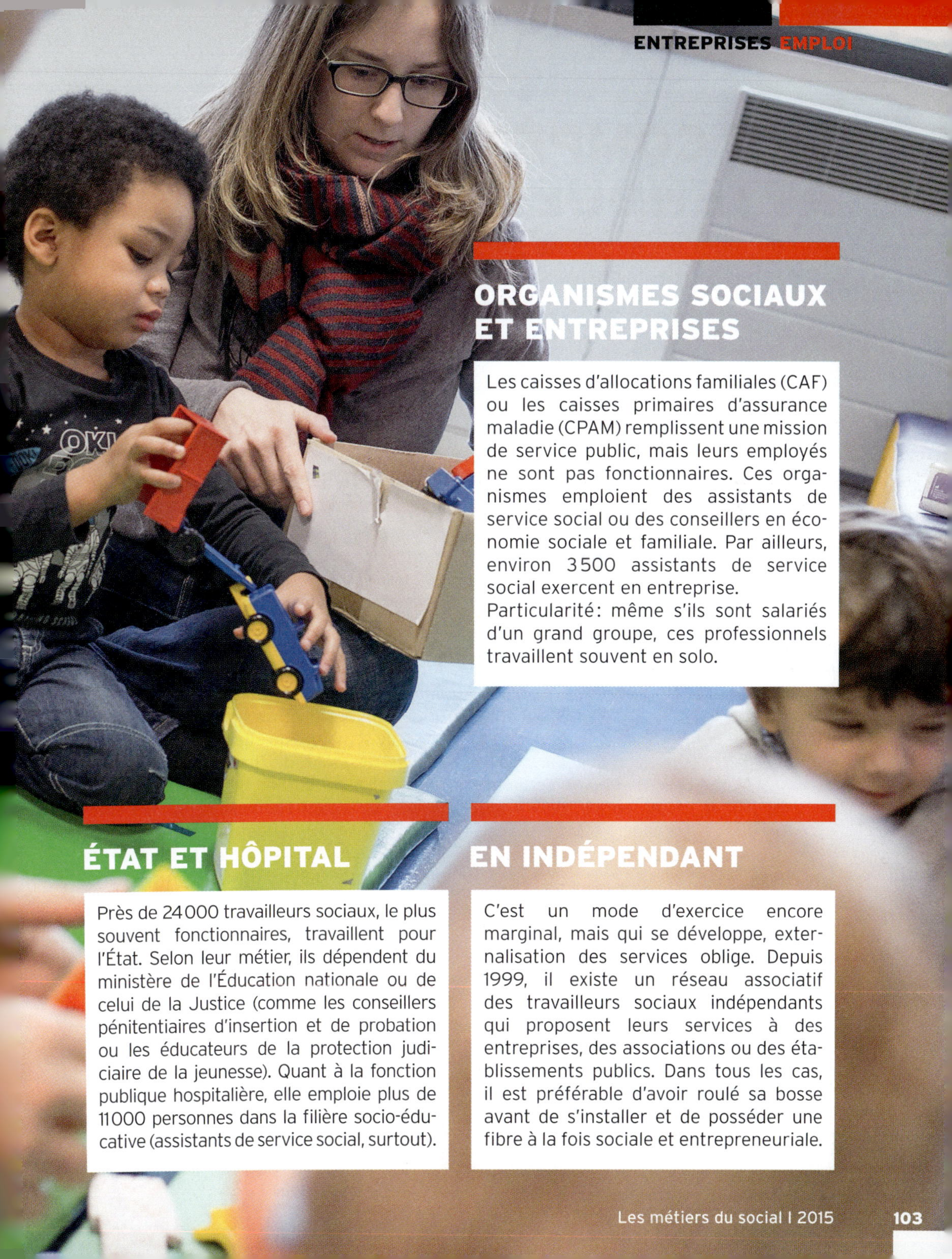

ORGANISMES SOCIAUX ET ENTREPRISES

Les caisses d'allocations familiales (CAF) ou les caisses primaires d'assurance maladie (CPAM) remplissent une mission de service public, mais leurs employés ne sont pas fonctionnaires. Ces organismes emploient des assistants de service social ou des conseillers en économie sociale et familiale. Par ailleurs, environ 3500 assistants de service social exercent en entreprise.
Particularité: même s'ils sont salariés d'un grand groupe, ces professionnels travaillent souvent en solo.

ÉTAT ET HÔPITAL

Près de 24000 travailleurs sociaux, le plus souvent fonctionnaires, travaillent pour l'État. Selon leur métier, ils dépendent du ministère de l'Éducation nationale ou de celui de la Justice (comme les conseillers pénitentiaires d'insertion et de probation ou les éducateurs de la protection judiciaire de la jeunesse). Quant à la fonction publique hospitalière, elle emploie plus de 11000 personnes dans la filière socio-éducative (assistants de service social, surtout).

EN INDÉPENDANT

C'est un mode d'exercice encore marginal, mais qui se développe, externalisation des services oblige. Depuis 1999, il existe un réseau associatif des travailleurs sociaux indépendants qui proposent leurs services à des entreprises, des associations ou des établissements publics. Dans tous les cas, il est préférable d'avoir roulé sa bosse avant de s'installer et de posséder une fibre à la fois sociale et entrepreneuriale.

LES COMPÉTENCES ATTENDUES

Vouloir aider les autres ne suffit pas pour exercer un métier du social. Sur le terrain, s'il faut faire preuve de sensibilité, il est crucial de savoir aussi prendre du recul.

Savoir écouter
La clé de la confiance

Que l'on exerce auprès de personnes âgées, d'enfants handicapés ou de jeunes en difficulté, la première qualité à posséder est l'écoute. *« Le dialogue est au cœur de nos métiers, mais il faut d'abord savoir écouter, pour comprendre les situations et cerner les besoins »*, explique Sébastien Morel, conseiller en économie sociale et familiale. La patience est aussi indispensable car *« le dialogue peut être long à s'amorcer »*, estime Thierry Gassien, conseiller d'insertion. *« Nouer une relation de confiance avec les jeunes est essentiel, mais il faut accepter que cela prenne du temps. »*

S'impliquer ni trop ni trop peu. Un équilibre délicat.

Avoir de l'empathie
Tout en se préservant

L'empathie, c'est-à-dire la capacité à se mettre à la place de l'autre et à comprendre ce qu'il ressent, est une qualité primordiale pour exercer dans le « social ». Ces métiers impliquent un fort engagement personnel. *« C'est presque un acte militant ! »* estime Aurélie Morand, éducatrice spécialisée dans un centre d'hébergement d'urgence pour femmes victimes de violences. Un choix de structure qu'elle a fait *« par conviction »*. Mais, s'il faut s'impliquer, il est aussi nécessaire de garder une distance et de ne pas se laisser submerger par ses émotions. *« Face aux situations difficiles que je rencontre, je suis contrainte de prendre du recul »*, témoigne Conchita Aït Karrou, technicienne de l'intervention sociale et familiale. *« On ne peut pas aider les autres si on est soi-même en souffrance »*, analyse de son côté Mireille Blancotte, assistante de service social.

© DIDIER GAUDUCHEAU/ONISEP

Savoir dialoguer
Avec ses collègues aussi

S'engager dans le social, c'est aussi travailler en équipe. *« À la MECS, la réunion hebdomadaire pendant laquelle nous faisons le point sur la situation de chaque enfant est un temps fort pour les professionnels. Il faut accepter le jugement des autres et savoir se remettre en question en permanence. Mais c'est très stimulant ! »* déclare Céline Benmussa, psychologue. D'autant plus lorsque l'équipe est pluridisciplinaire, comme c'est souvent le cas dans les structures sociales ou médico-sociales, qui sont composées de travailleurs sociaux, mais aussi de soignants.

Être réaliste
« On ne peut pas aider tout le monde »

« Dresser une bonne analyse de chaque situation me permet de mettre en place un suivi adapté et, surtout, réaliste », assure Céline Benmussa, psychologue. *« Il faut aussi être capable de faire rapidement des choix. »* Autre impératif : être conscient de ne pas pouvoir aider tout le monde. *« Quelle joie quand je réussis à trouver une solution d'hébergement pérenne pour une personne vivant dans la rue depuis des années ! Mais je sais aussi que, dans d'autres cas, mes efforts seront vains. On ne peut pas aider tout le monde »*, reconnaît Sébastien Morel, conseiller en économie sociale et familiale auprès de sans domicile fixe.

Persévérer
Un travail de longue haleine

Personnes en perte d'autonomie, surendettées ou souffrant d'addictions ; enfants en situation de handicap, abandonnés ou qui ont connu la maltraitance... les travailleurs sociaux sont confrontés chaque jour à des situations de détresse. *« Nous sommes souvent démunis »*, confie Sébastien Morel, conseiller en économie sociale et familiale auprès de personnes sans domicile fixe. *« Il faut être persévérant ! »* Et ne pas se décourager avant d'obtenir des résultats, qui surviennent souvent sur le long terme.

LES TENDANCES DU RECRUTEMENT

Le nombre des travailleurs sociaux devrait continuer à augmenter, principalement dans le secteur des services à la personne et de la prise en charge des personnes âgées. Mais les salaires restent bas.

Des besoins en hausse

Le secteur social représente aujourd'hui près de 1,2 million d'emplois. Un nombre qui continue à croître, même en période de crise. Il faut dire que les besoins grimpent en flèche : la part grandissante des personnes du 3e et du 4e âge, l'augmentation des situations d'isolement et de précarité appellent un accompagnement social par des personnels qualifiés. Un bémol, néanmoins : dans un contexte de réduction des dépenses publiques, l'État et les collectivités pourraient limiter la création de postes. De même, les associations pourraient ralentir les embauches.

Le boom des services à la personne

Le secteur de l'aide aux personnes représente près de la moitié des emplois du secteur social. Constitué principalement d'assistantes maternelles et d'auxiliaires de vie sociale, il s'est fortement développé durant les années 2000 et devrait continuer de proposer autour de 20 000 nouveaux postes par an. Un chiffre qui s'explique principalement par le vieillissement de la population, qui accroît les besoins en aide à domicile, mais aussi par le maintien de la natalité.

Remplacer les départs à la retraite

Comme l'éducation et le médical, le social voit une part importante de ses effectifs arriver à l'âge de la retraite, créant ainsi un appel d'air. Dans la fonction publique territoriale, la plupart des recrutements dans la filière sociale sont déjà liés au remplacement d'agents partis à la retraite. Les métiers d'assistant de service social et de conseiller en économie sociale et familiale sont les premiers concernés, et, dans une moindre mesure, les éducateurs spécialisés en poste dans les établissements pour personnes handicapées.

Les diplômés du social accèdent plus rapidement à l'emploi que les autres.

1,2 million de travailleurs sociaux.

Source : Direction de la recherche, des études, de l'évaluation et des statistiques (Drees), septembre 2014.

80 % des travailleurs sociaux sont des femmes.

Source : Direction de la recherche, des études, de l'évaluation et des statistiques (Drees), avril 2014.

45 % de temps partiels dans le secteur privé.

Source : Direction de la recherche, des études, de l'évaluation et des statistiques (Drees), avril 2014.

Une insertion rapide, mais des salaires faibles

Les diplômés du secteur social trouvent rapidement un premier emploi. En moins de 3 mois pour les diplômés de niveau bac et bac + 2. Mais il s'agit la plupart du temps de contrats à durée déterminée (CDD). Si les CDD sont fréquents en début de carrière, 8 jeunes professionnels du social sur 10 bénéficient d'un contrat à durée indéterminée (CDI) 3 ans après leur diplôme. En revanche, les salaires offerts au départ sont souvent proches du smic (soit 1457 € brut mensuels), et ils augmentent lentement par la suite.

Un contrat aidé pour débuter

Dans le domaine de l'aide à domicile et de la médiation sociale, collectivités, associations et entreprises proposent fréquemment des contrats aidés. C'est le cas pour un tiers des agents de médiation employés par les collectivités. Rassemblés depuis 2010 sous le nom de contrats uniques d'insertion (CUI), ces contrats, d'une durée de 6 à 24 mois et sans condition d'âge, sont en principe réservés aux personnes qui rencontrent des difficultés pour trouver un emploi. La formule permet de tester son appétence pour le secteur social tout en se formant et en acquérant des compétences.

MES DÉBUTS EN INSTITUT MÉDICO-ÉDUCATIF

Émilie Gibrat,
monitrice-éducatrice

CV

- Diplôme d'État de moniteur-éducateur
- 1re année de licence d'administration économique et sociale (AES)
- 1re année de licence de sciences du langage

Une fois son diplôme d'État de moniteur-éducateur en poche, Émilie n'a pas chômé pour approfondir rapidement les compétences que ses stages lui avaient apportées.

Les remplacements

Il a fallu faire des concessions, en acceptant, par exemple, des horaires compliqués. *« Pour les jeunes diplômés, il est difficile de trouver un poste stable à temps complet. J'ai longtemps cumulé les remplacements à temps partiel pour me faire connaître des employeurs : presque sept contrats courts en parallèle de deux contrats de 1 an. Car je voulais aussi apprendre à exercer sur la durée et créer une relation de confiance avec mes interlocuteurs. »*

Le premier emploi

Forte de ce qu'elle a appris en 2 ans et demi, elle postule dans un institut médico-éducatif (IME). Et réussit à décrocher un CDI, à 70 %. *« On m'a fait confiance alors que ce type de structure privilégie le plus souvent les candidats ayant déjà effectué des remplacements. »* À Montpellier, Émilie s'occupe d'adolescents et de jeunes adultes en situation de handicap mental. Elle les accompagne le matin, puis le soir à leur retour d'activités. Avec ce poste, elle envisage son métier autrement et peut enfin se projeter.

Investissement au long cours

Le rapport aux collègues devient plus enrichissant. *« Depuis que je suis permanente, je participe aux réunions de l'équipe pluridisciplinaire. Ce qui me permet de mieux comprendre les jeunes, notamment grâce à l'approche clinique du psychiatre. »* Ce nouveau statut change aussi sa relation à l'institution. *« Au-delà des tâches quotidiennes comme l'aide au repas ou à la douche, je m'investis dans des projets comme la création d'un espace médiathèque et vidéo : un moyen de rendre l'internat plus convivial. »*

Son conseil !

« Le meilleur moyen pour s'insérer, c'est de se rendre disponible. Il y a du travail. Encore faut-il être prêt à exercer dans tout type de structure et auprès de publics variés. »

MES DÉBUTS EN MAISON D'ENFANTS À CARACTÈRE SOCIAL

Jamal Benkader, éducateur spécialisé

CV

- DUT carrières sociales option éducation spécialisée (en parallèle du DE d'éducateur spécialisé)
- Diplôme d'État d'éducateur spécialisé
- Diplôme d'État de moniteur-éducateur

Son conseil !

« Avant de commencer, il est important de se confronter au public, en travaillant dans l'animation, par exemple. Quand on arrive dans le métier, il faut aussi faire preuve d'humilité et d'empathie. »

C'est grâce à une première expérience dans l'animation que Jamal a su qu'il souhaitait travailler avec des jeunes. *« Cela s'est fait naturellement. J'avais envie de montrer que l'on peut réussir dans la vie. »*

Le déclic du service civil

Jamal décide alors d'effectuer un service civil dans le social*. Il intègre une maison d'enfants à caractère social (MECS), pour aider des jeunes en difficulté. *« C'est un endroit où je me suis découvert. »* La structure le trouve compétent et l'embauche comme animateur. Puis il valide un DE de moniteur-éducateur, qui lui offre une passerelle vers le DE d'éducateur spécialisé quelques années après.

Trouver le ton juste

Âgé de seulement 19 ans lorsqu'il est recruté, Jamal doit trouver sa place auprès de jeunes parfois plus âgés que lui. *« J'ai vécu des expériences conflictuelles, car certains m'ont testé. Il faut être équilibré pour réussir à ne pas répondre à la violence. C'est en leur montrant qu'on est présent pour eux que l'on réussit à les faire changer de comportement. »*

Monter en compétences

Jamal exerce toujours au sein de la MECS, mais sa méthode a évolué. *« Grâce aux connaissances et à l'expérience accumulées, j'ai un regard plus affiné sur les situations. »* On lui a d'ailleurs proposé de devenir cadre. *« Pour le moment, je refuse, car j'aime trop la gestion du quotidien avec les jeunes. »*

* Remplacé par le service civique, qui offre toujours des missions dans le social (6 à 12 mois pour les jeunes de 16 à 25 ans). www.service-civique.gouv.fr.

GUIDE PRATIQUE

COMPARER LES FILIÈRES

CAP, DUT, DE, master... ? Reportez-vous à ce tableau pour découvrir d'un coup d'œil les caractéristiques des principales filières citées dans cette publication.

	CAP	BPJEPS	BTS	DUT
Titre délivré	Diplôme national	Diplôme national	Diplôme national	Diplôme national
Établissement	Lycée professionnel ou CFA	École agréée	Section de techniciens supérieurs, en lycée ou en école	IUT, à l'université
Niveau d'admission	Fin de collège	Sans le bac (avoir le BAFA ou une expérience)	Bac	Bac (ou bac + 2 pour l'année spéciale)
Durée des études	2 ans	1 an à 18 mois	2 ans	2 ans
Accès	Sur dossier et entretien	Sur dossier et entretien	Sur dossier, parfois entretien	Sur dossier, parfois entretien
Stages	12 semaines	Oui (durée variable selon les spécialités)	12 semaines	10 à 16 semaines
Apprentissage	Oui (offre variable selon les spécialités)	Oui (offre variable selon les spécialités)	Oui (offre variable selon les spécialités)	Oui (offre variable selon les spécialités)
Validation	Contrôle continu et/ou examen final	Contrôle continu et/ ou examen final	Examen final avec une part de contrôle continu	Contrôle continu
Coût annuel de la scolarité*	Gratuit dans le public, variable dans le privé	De 5 000 € à 9 000 €	Gratuit dans le public, variable dans le privé	184 €
Poursuite d'études	Accès en 1re pro, sous réserve de places, avec un bon dossier	Possibilité de continuer en DEJEPS	Pour 53 % des étudiants, mais variable selon les spécialités	Pour 82 % des étudiants

DE	Licence pro	Licence	Master
Diplôme national	Diplôme national	Diplôme national	Diplôme national
École agréée	Université	Université	Université
Sans le bac (avoir 17 ou 18 ans selon le DE) ou avec le bac	Bac + 2	Bac	Licence
1 an, 2 ans ou 3 ans selon le DE	1 an	3 ans	2 ans
Sur concours	Sur dossier et entretien	Pas de sélection en L1, mais avoir un profil cohérent	Sur dossier et entretien en M2, voire M1
Jusqu'à 50 % du temps de formation	12 à 16 semaines	Facultatifs, le plus souvent	4 à 6 mois
Oui (offre variable selon les spécialités)	Oui (offre variable selon les spécialités)	Très rare	Oui (offre variable selon les spécialités)
Contrôle continu et/ou examen final	Contrôle continu et/ou examen final	Contrôle continu et/ou examen final	Contrôle continu et/ou examen final
De 4 000 € à 9 000 €	184 €	184 €	256 €
Variable selon le DE. Vers un autre DE ou à l'université.	Pour environ 20 % des étudiants	Le plus souvent, essentiellement en master	Possibilité de continuer en doctorat (pour faire de la recherche) ou de rejoindre une école

BPJEPS : brevet professionnel de la jeunesse, de l'éducation populaire et du sport ; BTS : brevet de technicien supérieur ; CAP : certificat d'aptitude professionnelle ; CFA : centre de formation d'apprentis ; DE : diplôme d'État ; DEJEPS : diplôme d'État de la jeunesse, de l'éducation populaire et du sport ; DUT : diplôme universitaire de technologie ; IUT : institut universitaire de technologie.

* Coût pour l'année 2014-2015.

PRÉPARER SON ENTRÉE EN VOIE PRO

Futur lycéen ou apprenti : le point sur le calendrier, les événements et les interlocuteurs qui vous accompagnent en classe de 3e.

Octobre à décembre

SE RENSEIGNER

→ Cette première phase consiste à se renseigner dans le centre de documentation et d'information (CDI) du collège, dans un centre d'information et d'orientation (CIO), en discutant avec le professeur principal ou le conseiller d'orientation-psychologue (COP). En complément, consultez au CDI les guides *Après la 3e* et ceux sur le CAP ou le bac pro proposés sur **www.onisep.fr**, ainsi que le site Ma voie pro.

Décembre à février

EXPLORER

→ Rendez-vous aux différents **salons et journées portes ouvertes** (JPO) des LP, LPA, CFA de votre département. Envisagez toutes les formations qui vous intéressent et visitez les établissements qui les proposent. Préparez ces visites en listant les questions que vous vous posez. Le calendrier des JPO est publié sur le site de l'académie et/ou des délégations régionales de l'Onisep. Votre stage d'observation est aussi une bonne occasion de vérifier votre intérêt pour le métier qui vous attire.

À noter : pour les lycées privés, des préinscriptions ont parfois lieu lors de ces JPO.

Février à mars

AFFINER SES CHOIX

→ Vous devez formuler des **intentions d'orientation** sur une fiche navette : 2de pro ou CAP. Un avis provisoire est rendu lors du 2e conseil de classe de 3e. Parallèlement, continuez à accumuler des informations grâce aux **mini-stages** organisés par les établissements de certaines académies. Cette visite sur une journée ou une demi-journée est l'occasion de découvrir les filières et les spécialités, d'assister à un cours, d'observer des ateliers, de rencontrer des élèves et des professeurs.

Mars à juillet

FORMULER SES VŒUX

→ De mars à mai, finalisez vos **vœux définitifs d'orientation** : type de diplôme visé (CAP ou bac pro), spécialité envisagée (une ou plusieurs), modalités de formation (temps plein ou apprentissage), établissements ciblés.

→ À partir de mai, formulez vos **vœux définitifs d'affectation** par ordre de préférence, *via* une procédure informatisée réservée aux établissements publics. N'hésitez surtout pas à en formuler plusieurs. Dans la voie professionnelle, l'élève peut candidater pour n'importe quel lycée de l'académie, voire d'une autre académie, sous conditions (déménagement, formation rare…). Au préalable : renseignez-vous bien sur les taux d'encombrement des sections. Dès réception de la notification d'affectation, il vous faut accomplir les formalités d'inscription dans l'établissement pour éviter que la place soit redonnée à quelqu'un d'autre.

Info+

Indépendante de la procédure d'affectation, la recherche d'un **maître d'apprentissage** commence dès le mois de janvier avec l'aide de votre famille et en vous renseignant dans les CFA. Mais il est conseillé de s'inscrire aussi en parallèle dans une formation à temps plein en guise de solution de repli.

PRÉPARER SON ENTRÉE DANS LE SUPÉRIEUR

Dès la classe de 1re, commencez à construire votre parcours étape par étape.

Classe de 1re

SEPTEMBRE À DÉCEMBRE

→ Engagez le **dialogue** avec l'équipe éducative et participez aux **actions d'orientation et d'information** organisées dans votre lycée.

→ Profitez des **salons d'orientation** ou des **conférences thématiques** organisés dans votre région pour démarrer la réflexion en famille, en parallèle de l'accompagnement effectué en classe.

→ Sur **www.onisep.fr**, consultez la rubrique ***Après le bac, choisir ses études supérieures*** de votre région. Il permet de repérer toute l'offre de formation dans votre académie, avec indication des cursus publics et privés. Pour une information plus approfondie, consultez l'onglet « Après le bac » sur **www.onisep.fr**.

→ Pour une réflexion autour de vos centres d'intérêt et le choix de votre formation, prenez rendez-vous dans le **centre d'information et d'orientation (CIO)** le plus proche de chez vous.

DÉCEMBRE À FÉVRIER

→ Universités, centres de formation d'apprentis (CFA), écoles... les établissements organisent des **journées portes ouvertes (JPO)**. Retrouvez les dates de ces journées sur **www.onisep.fr**, dans l'espace de votre région ou sur le site de votre rectorat.

→ Des **journées d'immersion** permettent aussi d'aller découvrir les universités, seul ou avec sa classe. C'est l'occasion de rencontrer étudiants et enseignants, de suivre certains cours, de sentir l'ambiance de travail.

→ L'accès à l'immense majorité des places dans le supérieur est régi par la **procédure nationale d'admission post-bac (APB)**. Renseignez-vous sur les modalités, le calendrier, etc.

PRÉPARER SON ENTRÉE DANS LE SUPÉRIEUR (suite)

Classe de terminale

SEPTEMBRE À DÉCEMBRE

→ En préparation des inscriptions, repérez sur **www.onisep.fr_APB** les filières dont l'accès s'effectue *via* la procédure Admission post-bac, et celles qui prévoient leur propre procédure.

→ Le portail APB ne concerne pas certaines formations (paramédicales, sociales, Jeunesse et Sports...). Il vous faut prendre contact directement avec les établissements concernés pour connaître les dates et les modalités de recrutement.

→ Pour des interrogations précises autour d'une filière d'études, n'hésitez pas à poser toutes vos questions par courrier électronique, tchat ou téléphone aux conseillers de l'Onisep *via* le service **www.monorientationenligne.fr**.

DÉCEMBRE À MARS

→ Sur **www.onisep.fr**, consultez ***Après le bac, choisir ses études supérieures*** de votre région avant d'effectuer vos vœux sur **www.admission-postbac.fr** dès janvier, ou directement auprès des établissements dans certains cas. Si vous visez une formation en **apprentissage**, postulez d'abord auprès des entreprises.

→ Poursuivez aussi les **visites d'établissements.**

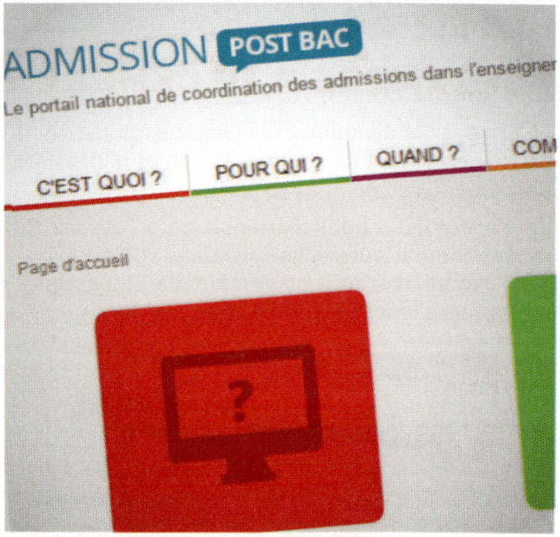

→ Le site **www.admission-postbac.fr** permet aux élèves de terminale d'effectuer des demandes d'inscription dans plusieurs filières du supérieur. Dès le mois de décembre, vous y retrouvez la liste des formations concernées, le calendrier et les différentes étapes à respecter, les profils particuliers (déjà bachelier, bac à l'étranger). Pour ceux qui visent l'université, vous devez aussi y effectuer une demande de conseil autour des licences visées (dite « orientation active »).

À savoir

Les inscriptions dans les écoles sociales

Les écoles sociales n'adhèrent pas au dispositif Admission post-bac et fixent chacune son calendrier d'inscription. Les concours d'entrée se déroulant entre octobre et juin, il faut, pour chacune, retirer son dossier et déposer sa candidature en début d'année de terminale... pour une rentrée en septembre de l'année suivante. Certains instituts se regroupent au niveau départemental ou régional pour organiser un concours unique. Se renseigner dès la classe de 1re auprès de chaque école, dont vous trouverez la liste sur **www.onisep.fr** en indiquant dans l'espace « recherche libre » l'intitulé de diplôme visé.

CARNET D'ADRESSES DES FORMATIONS

Retrouvez toute l'info sur les formations et les établissements mise à jour sur **www.onisep.fr**.

Au sommaire

Liste des principales formations du secteur social. Pour retrouver les autres diplômes du domaine (bac pro services de proximité et vie locale, masters...), consultez notre site www.onisep.fr.

CLASSES PRÉPARATOIRES AUX CONCOURS D'ENTRÉE DANS LES FORMATIONS SOCIALES

Sont présentées ici les différentes préparations (P 1, P 2...) aux formations sociales.

P 1 : aide médico-psychologique
P 2 : animateur socioculturel
P 3 : assistant de service social
P 4 : auxiliaire de vie sociale
P 5 : conseiller en économie sociale et familiale
P 6 : éducateur de jeunes enfants
P 7 : éducateur spécialisé
P 8 : éducateur technique spécialisé
P 9 : moniteur-éducateur
P 10 : technicien de l'intervention sociale et familiale

02 Bohain-en-Vermandois Lycée Ste-Sophie 22 rue Curie 03 23 07 53 53 **Pr Sc** P 3, 7 **www.sainte-sophie.fr**

02 Soissons Lycée St-Rémy 8 rue Saint-Jean 03 23 53 20 62 **Pr Sc** P 3, 6, 7 **www.asstremy.fr**

03 Moulins IRFSSA Croix-Rouge 20 rue du Vert Galant 04 70 48 20 30 **Pr Sc** P 3, 6, 7, 9 **irfss-auvergne.croix-rouge.fr**

06 Nice IESTS 6 rue Chanoine Rance Bourrey 04 92 07 77 97 **Pr Sc** P 1, 3, 6, 7, 9, 10 **www.iests.com**

07 Annonay LP J et E de Montgolfier 17 rue Capitaine de Canson 04 75 32 41 50 **Public** P 3, 6, 7, 9 **www.ac-grenoble.fr/lycee/montgolfier.annonay/**

07 Privas Lycée du Sacré-Coeur 6 bd de Vernon 04 75 64 12 76 **Pr Sc** P 3, 6, 7, 9 **www.sacrecoeur-notredame.com**

08 Charleville-Mézières ACROPOLIS 34 rue Colette 03 24 42 33 72 **Pr Hc** P 1, 2, 3, 4, 5, 6, 7, 9, 10 **www.acropolis-sante-social.fr**

10 Troyes Prépa Santé 217 av P Brossolette 03 25 71 22 22 **Pr Hc** P 3, 6, 7, 9 **www.groupe-esc-troyes.com**

11 Narbonne Lycée Beauséjour 16 rue Michelet 04 68 32 04 13 **Pr Sc** P 3, 6, 7, 9, 10 **www.lycee-beausejour.com**

11 Souilhanels CPFP 1165 rte du Pastel 04 68 60 03 61 **Pr Sc** P 3, 6, 7, 9 **www.larouatiere.com**

12 Rodez Lycée L Querbes 29 rue M Bompard 05 65 77 14 80 **Pr Sc** P 3, 6, 7, 9 **www.querbes.net**

13 Aix-en-Provence Cours Diderot 350 av du Club Hippique 04 42 52 35 10 **Pr Hc** P 3, 6, 7, 9 **www.coursdiderot.com**

13 Aix-en-Provence Cours Galien 10 rue de la Fourane 04 42 20 35 53 **Pr Hc** P 3, 6, 7, 9 **www.cours-galien.fr**

13 Aix-en-Provence ESCAGI 13 rue de la Poudrière 04 42 59 14 02 **Pr Hc** P 3, 6, 7, 9 **www.cpes-escagi.com**

13 Aix-en-Provence IRFSS Croix-Rouge 32 cours des Arts et Métiers 04 42 16 05 16 **Pr Sc** P 3, 6, 7 **irfss-pacac.croix-rouge.fr**

13 Aix-en-Provence MAESTRIS 684 av du Club Hippique 04 42 64 62 00 **Pr Hc** P 3, 6, 7, 9 **www.maestris.com**

13 Marseille IFC Méditerranée 513 av du Prado 04 91 32 19 29 **Pr Hc** P 3, 6, 7, 9 **www.ifc.fr**

13 Marseille Institut méditerranéen de formation et recherche en travail social 50 rue du village 04 91 24 61 10 **Pr Sc** P 1, 3, 6, 7, 9 **www.imf.asso.fr**

13 Marseille IRTS 20 bd des Salyens 04 91 76 99 00 **Pr reconnu** P 1, 3, 6, 7 **www.irts-pacacorse.com**

13 Marseille Lycée Pastré 20 av Grande Bastide 04 96 19 06 06 **Pr Sc** P 6, 7 **www.pastre-grde-bastide.com**

13 Marseille MAESTRIS 3 pl. F Baret 04 91 54 99 00 **Pr Hc** P 3, 6, 7, 9 **www.maestris.com**

13 Port-Saint-Louis-du-Rhône Lycée H Leroy 1 rue des Écoles 04 42 86 01 57 **Pr Sc** P 3, 6, 7, 9 **lyceeleroy.fr/**

14 Caen AIFCC - Institut des métiers santé et social 7 rue du Professeur Rousselot 02 31 44 32 11 **Consulaire** P 3, 6, 7, 9 **www.imss-caen.com**

14 Caen Centre de formation Notre Dame de Fidélité 8 rue du Petit Clos Saint Marc 02 31 46 76 86 **Pr Hc** P 1, 3, 5, 6, 7, 9, 10 **www.lycee-ndfidelite.fr**

14 Caen ICARE 147 rte de la délivrande 02 31 94 60 60 **Pr Hc** P 3, 6, 7, 9 **www.icare-prepaconcours.com**

14 Caen Institut Supérieur Professionnel de Normandie 9 rue du Colonel Rémy 02 31 93 09 12 **Pr Hc** P 3, 6, 7, 9 **www.arcade-formation.com**

14 Caen Lycée J Rostand 98 rte d'Ifs 02 31 52 19 40 **Public** P 3, 6, 7 **rostand.etab.ac-caen.fr**

IRTS : institut régional du travail social
LP : lycée professionnel
Pr Hc : privé hors contrat
Pr Sc : privé sous contrat

Classes préparatoires aux concours d'entrée dans les formations sociales (suite)

14 Hérouville-Saint-Clair IRTS 11 rue Guyon de Guercheville 02 31 54 42 00 **Pr Sc** P 1, 3, 5, 6, 7, 9, 10 **www.irts-bn.asso.fr**
14 Vire Lycée M Curie rue Octave Gréard 02 31 68 09 71 **Public** P 3, 6, 7 **www.lyceemariecurie.fr**
15 Aurillac Lycée St-Eugène - St-Joseph 8 rue du Cayla 04 71 46 81 00 **Pr Sc** P 3, 6, 7, 9 **www.ensscolaire-gerbert.fr**
17 Jonzac Lycée J Hyppolite pl. Saint-Exupéry 05 46 86 56 00 **Public** P 7 **lcs.lyc-jonzac.org**
17 La Rochelle Centre de formation privé Fénelon 36 rue Massiou 05 46 41 04 20 **Pr Sc** P 3, 6, 7, 9 **www.fenelon-notredame.fr**
18 Bengy-sur-Craon LEPPA de Bengy 2 rue du chanoine Volton 02 48 66 20 80 **Pr Sc** P 6, 9 **leap.bengy-lignieres.fr**
18 Bourges École Pigier 29 bd Gambetta 02 48 23 14 90 **Pr Hc** P 3, 6, 7, 9 **www.pigier.com**
19 Brive-la-Gaillarde Centre de préparation aux études sanitaires et sociales 26 bd A France 05 55 74 41 89 **Pr Hc** P 3, 6, 7, 9 **cpess.fr/centre.php**
21 Dijon Cours Galien 23 bd de Strasbourg 03 80 66 26 00 **Pr Hc** P 3, 6, 7, 9 **www.cours-galien.fr**
21 Dijon Lycée les Arcades 13 rue du vieux collège 03 80 68 48 28 **Pr Sc** **www.lyceelesarcades.com**
21 Dijon Objectif Concours - Supexam 46 rue des Godrans 03 80 50 07 42 **Pr Hc** P 3, 6, 7, 9 **www.supexam.fr**
21 Dijon PRO-G institut 54 bd Carnot 03 80 67 14 22 - 06 11 80 27 75 **Pr Hc** P 3, 6, 7, 9 **www.proginstitut.com**
21 Quetigny Avenir et réussite 16 rue du Cap Vert 03 80 49 99 42 **Pr Hc** P 3, 6, 7, 9 **avenir-reussite.com**
21 Quetigny MFREO 33 bd de Bellevue 03 80 46 35 49 **Pr Sc** P 6, 7, 9 **mfr.quetigny.free.fr**
22 Paimpol Lycée Kerraoul av Gabriel le Bras 02 96 55 34 30 **Public** P 3, 6, 7 **www.lyceekerraoul-paimpol.ac-rennes.fr**
22 Rostrenen Lycée Notre-Dame de Campostal pl. du Bourg Coz 02 96 29 00 34 **Pr Sc** P 3, 6, 7, 9 **www.lycee-campostal-gouarec.com**
24 Bergerac Centre de formation au travail sanitaire et social Fondation J Bost 28 bd A Claveille 05 53 22 23 00 **Pr Sc** P 1, 7, 9 **www.cef-bergerac.org**
24 Sigoulès Lycée agricole Le Cluzeau 05 53 73 43 60 **Pr Sc** P 7, 9 **www.lecluzeau.com**
26 Valence Centre de formation professionnelle Montplaisir 75 rue Montplaisir 04 75 82 18 10 **Pr Sc** P 3, 6, 7, 9 **www.lycee-montplaisir.org**
28 Mignières Lycée d'enseignement agricole EFAGRIR 2 rue des Fleurs 02 37 26 46 07 **Pr Sc** P 3, 6, 7, 9 **franz-stock.fr**
29 Brest Lycée Estran Fénelon 105 chemin de Ker Stears 02 98 44 17 08 **Pr Sc** P 3, 6, 7 **www.estran-brest.com**
29 Saint-Renan MFR rte de Ploudalmezeau 02 98 84 21 58 **Pr Sc** P 6, 7 **www.mfr-strenan.com**
30 Nîmes Institut de formation de moniteurs éducateurs 2117 chemin du Bachas 04 66 68 99 60 **Pr Sc** P 3, 7, 9 **www.ifme.fr**
30 Nîmes Pigier Nîmes 105 rue CN Ledoux 04 66 38 87 00 **Pr Hc** P 3, 6, 7, 9 **www.pigier.com**
31 Blagnac Institut supérieur de formation professionnelle 58 et 265 rte de Grenade 05 61 71 60 43 **Pr Hc** P 3, 6, 7, 9 **www.isfp.net**
31 Muret École privée La Pradette 12 chemin de la Pradette 05 61 51 14 09 **Pr Hc** P 3, 6, 7, 9 **www.la-pradette.com**
31 Toulouse ADONIS 179 av de Muret 05 62 20 08 04 **Pr Hc** P 3, 5, 6, 7, 9 **www.groupe-adonis.fr**
31 Toulouse Cours Diderot 8 Port Saint-Sauveur 05 61 34 36 36 **Pr Hc** P 3, 6, 7, 9 **www.coursdiderot.com**
31 Toulouse Cours Esquirol Santé 30 rue de Metz 05 61 25 81 85 **Pr Hc** P 3, 6, 7 **www.cours-esquirol.fr**
31 Toulouse Cours Major 1 av de Rangueil 05 62 26 36 36 **Pr Hc** P 3, 6, 7 **www.cours-galien.fr**
31 Toulouse CPES - IPRESS 10 rue des Arts 05 61 52 19 86 **Pr Hc** P 3, 6, 7, 9 **www.cpes-ipress.fr**
31 Toulouse IRFSS Croix-Rouge 71 chemin des Capelles 05 61 31 56 34 **Pr Sc** P 3, 6, 7, 9 **irfss.croix-rouge.fr**
31 Toulouse Lycée Limayrac 50 rue de Limayrac 05 61 36 08 08 **Pr Sc** P 3, 6, 7, 9 **www.limayrac.fr**
31 Toulouse Sciences Plus 5 rue de la Madeleine 05 61 53 12 14 **Pr Hc** P 3, 6, 7 **www. SciencesPlus.fr**
33 Bordeaux ADONIS 44 allées de Tourny 05 56 86 74 93 **Pr Hc** P 3, 6, 7, 9 **www.prepaconcours.com**
33 Bordeaux Cours Galien 190 rue Lecocq 05 56 48 30 00 **Pr Hc** P 3, 6, 7, 9 **www.cours-galien.fr**
33 Bordeaux FORMASUP CAMPUS 89 Quai des Chartrons 05 56 34 01 73 **Pr Hc** P 3, 6, 7, 9 **www.formasup-campus.com**
33 Bordeaux Lycée Ste-Marie Bastide 45 rue de Dijon 05 57 80 12 00 **Pr Sc** P 3, 6, 7 **www.smb33.fr**
33 Bordeaux MMPP 29 rue de l'École normale 05 56 08 70 70 **Pr Hc** P 3, 6, 7 **www.mmpp.fr**
34 Montpellier Cours Diderot 20 rue du Carré du Roi 04 67 920 910 **Pr Hc** P 3, 6, 7, 9 **www.coursdiderot.com**
34 Montpellier Cours Galien 230 pl. J Mirouze Bât. E 04 67 61 95 42 **Pr Hc** P 3, 6, 7, 9 **www.cours-galien.fr**
34 Montpellier IPESUD Le parc du belvédère bât. D 04 67 54 72 20 **Pr Hc** P 3, 6, 7 **www.ipesud.com**
34 Montpellier Supexam 15 pl. J. Mirouze 04 67 41 33 11 **Pr Hc** P 3, 6, 7, 9 **www.supexam.fr**
36 Châteauroux Lycée Ste-Solange 59 pl. de la Gare 02 54 53 50 00 **Pr Sc** P 6, 7, 9 **www.leon13.com**
37 Chambray-lès-Tours IRFSS Croix-Rouge rue Minkowski 02 47 88 43 43 **Pr reconnu** P 3, 6, 7 **irfss-centre.croix-rouge.fr**
37 Loches MFR 49 rue Henry Lhéritier de Chézelle 02 47 91 54 15 **Pr Sc** P 6, 7, 9 **www.mfrlochois.fr**
37 Tours Cours Pluriels 24 rue A de Vigny 02 47 64 04 82 **Pr Hc** P 3, 6
37 Tours EFESUP 1 bis rue d'Entraigues 02 47 05 45 45 **Pr Hc** P 3, 6, 7, 9 **www.efesuptours.com**
37 Tours ISPAC 157 av de Grammont 02 47 29 07 35 **Pr Hc** P 1, 3, 6, 7, 9 **www.ispac.fr**
37 Veigne Lycée Fontiville 77 rue de Fontiville 02 47 34 12 34 **Pr Sc** P 3, 6, 7, 9 **www.fontiville.org/**
38 Grenoble IFIP Conseil 20 rue Docteur Bordier 04 76 17 18 00 **Pr Hc** P 1, 2, 3, 6, 7, 9 **www.ifip-conseil.fr**
38 Grenoble Institut Univeria 6 rue Irvoy 04 76 46 00 47 **Pr Hc** P 3, 6, 7 **www.univeria.fr**
38 Grenoble La prépa Belledonne 15 quai Jongkind 04 76 03 00 01 **Pr Hc** P 3, 6, 7, 9 **www.laprepa.fr**
38 Grenoble Objectif concours - Supexam 6 bd Gambetta 04 76 15 30 64 **Pr Hc** P 1, 3, 6, 7, 9 **www.supexam.fr/supexam-grenoble.html**
38 Vienne Institution St-Charles 1 pl. des Capucins 04 74 53 77 15 **Pr Sc** P 3, 6, 7, 9 **www.institution-saint-charles.fr**
41 Montoire-sur-le-Loir Lycée agricole Ste-Cécile 12 rue Saint-Laurent 02 54 85 01 83 **Pr Sc** P 1, 3, 6, 7, 9 **www.lycee-saintececile.fr**
42 Saint-Étienne Études plus - Médic plus 4 rue M Rondet 04 77 33 65 64 **Pr Hc** P 3, 6, 7, 9 **etudes-plus.fr**
42 Saint-Étienne Lycée Sévigné 29 rue Michelet 04 77 32 68 95 **Pr Sc** P 3, 6, 7, 9 **www.sevigne.9services.com**
43 Le Puy-en-Velay Lycée S Weil 22 bd Maréchal Joffre 04 71 05 66 66 **Public** P 3, 6, 7 **www.lycee-simone-weil.fr**

44 Nantes Institut de formations aux métiers beauté-santé-forme 17 bd des Martyrs Nantais 02 40 47 67 28 **Pr Sc** P 3, 6, 7, 9 **www.cofap-ifom-formation.com**
44 Saint-Herblain Pigier 4 chemin de la Chatterie 02 40 35 28 82 **Pr Hc** P 3, 6, 7, 9 **www.pigier.com**
44 Saint-Nazaire Lycée A Briand 10 bd de Coubertin 02 40 00 25 25 **Public** P 3, 6, 7 **www.abriand.org**
45 Orléans Lycée Ste-Croix St-Euverte 28 rue de l'Etelon 02 38 52 27 00 **Pr Sc** P 3, 6, 7 **www.lycee-professionnel-orleans.com**
46 Figeac Lycée J d'Arc 11 allées P Beregovoy 05 65 34 23 72 **Pr Sc** P 3, 6, 7, 9 **www.jeannedarc-figeac.org**
47 Agen ETP Sup' Formations 8 rue de Lisbonne 05 53 47 46 95 **Pr Hc** P 3, 6, 7, 9 **www.etp-sup-formations.fr**
47 Tonneins Centre de formation ADES 9 bis rue A Chabrier 05 53 64 61 57 **Pr Hc** P 1, 2, 3, 4, 6, 7, 9, 10 **www.adesformations.fr**
48 Marvejols École du travail éducatif et social 17 av T Roussel 04 66 32 27 78 **Pr Sc** P 1, 7, 9 **www.etes.fr**
49 Beaupreau lycée des Mauges **Public**
50 Saint-Lô Lycée technique Bon Sauveur 2 rue E de Surville 02 33 72 53 53 **Pr Sc** P 3, 6, 7 **www.etab.ac-caen.fr/bsauveur**
51 Châlons-en-Champagne Lycée F Ozanam 1 rue de la Fraternité 03 26 69 32 70 **Pr Sc** P 3, 6, 7 **www.ozanam-lycee.fr**
51 Reims IRTS 8 rue Joliot Curie 03 26 06 54 84 **Pr Sc** **www.irts-ca.fr**
51 Reims La prépa GALIEN 167 rue de Vesle 03 26 40 04 01 **Pr Hc** P 3, 6, 7, 9 **www.laprepa.fr**
51 Reims Lycée St-Michel 39 rue Martin Peller 03 26 77 62 82 **Pr Sc** P 3, 6, 7 **www.groupesaintmichel.fr/lycee/**
51 Vertus MFR Résidence Les Saussaies 19 av St Vincent 03 26 52 22 20 **Pr Sc** P 3, 6, 7 **www.mfrvertus.com**
53 Laval Lycée Haute Follis - Campus EC53 91 rue Haute-Follis 02 43 26 17 17 **Pr Sc** P 3, 6, 7, 9 **www.lhf53.eu**
54 Nancy FORELIS 1 rue Jeannot 03 83 35 87 60 **Pr Hc** P 3, 6, 7, 9 **www.lycee-charlesdefoucauld.fr**
54 Nancy IRFSS Croix-Rouge 1 rue Saint Fiacre 03 83 35 38 01 **Pr Sc** P 3, 6, 7, 9 **irfss-alsace-lorraine.croix-rouge.fr**
55 Verdun Lycée Ste-Anne 14 rue Mautroté 03 29 83 36 50 **Pr Sc** P 3, 6, 7 **sainte-anne.eu/sainteanne**
56 Vannes Lycée Notre-Dame le Menimur 71 rue de Metz 02 97 54 03 31 **Pr Sc** P 3, 6, 7 **www.college-lycee-nd-menimur.com**
58 Nevers Centre scolaire Notre Dame Pôle d'enseignement supérieur 22 rue J d'Arc 03 86 61 16 67 **Pr Sc** P 3, 6, 7 **www.csnd58.fr**
59 Cambrai Lycée St-Luc - La Sagesse 31 bd de la Liberté 03 27 82 28 28 **Pr Sc** P 3, 6, 7, 9 **www.saintluc-cambrai.com**
59 Cambrai MAESTRIS 9 bis rue de Roubaix 03 27 72 00 25 **Pr Hc** P 1, 3, 6, 7, 9, 10 **www.maestris.com**
59 Dunkerque MAESTRIS 14 rue des Fusiliers Marins 03 28 63 76 77 **Pr Hc** P 3, 6, 7, 9 **www.maestris.com**
59 Grande-Synthe IRTS site Grand Littoral - Grande-Synthe rue Galilée 03 28 24 51 30 **Pr Sc** **www.irtsnpdc.fr**
59 Le Quesnoy Lycée Eugène Thomas 100 av L Lagrange 03 27 20 54 80 **Public** P 3, 6, 7, 9 **www.citescolaireeugenethomas.fr**
59 Lille ADONIS 18/20 av du Peuple Belge 03 20 74 90 40 **Pr Hc** P 3, 5, 6, 7, 9 **www.groupe-adonis.fr**
59 Lille CRFPE - Centre régional de formation des professionnels de l'enfance 14 bd Vauban 03 20 14 93 00 **Pr Sc** P 3, 6, 7 **www.crfpe.fr**
59 Lille ESTS - École européenne supérieure en travail social 22 rue Halévy 03 20 93 70 16 **Pr Sc** P 7, 9 **www.eests.org**
59 Lille MAESTRIS Prépa 41 rue d'Amiens 03 20 06 02 89 **Pr Hc** P 1, 3, 6, 7, 9, 10 **www.maestris.com**
59 Lille SCFC 1 rue du professeur Laguesse 03 20 62 15 59 **Public** P 3, 6, 7 **sfp.univ-lille2.fr**
59 Loos Cours Galien 235 av de la Recherche 03 20 58 13 13 **Pr Hc** P 3, 6, 7 **www.cours-galien.fr/main.htm**
59 Loos IRTS rue A Paré 03 20 62 53 85 **Pr Sc** P 1, 3, 4, 6, 9, 10 **www.irtsnpdc.fr**
59 Maubeuge École européenne supérieure en travail social 2 rue du Gazomètre 03 27 62 87 22 **Pr Sc** P 7, 9 **www.eests.org**
59 Maubeuge Institut social de Maubeuge 6 rue d'Artois 03 27 64 89 54 **Pr Sc** P 2, 3, 6, 7, 9 **www.institut-social-lille.fr**
59 Maubeuge Lycée Pierre Forest bd Ch de Gaulle 03 27 53 03 53 **Public** P 3, 6, 7, 9 **pforestmaubeuge.fr**
59 Tourcoing IPAM - Institut privé de paramédical 17 rue des Ursulines 03 20 28 58 58 **Pr Hc** P 3, 6, 7, 9 **www.ipamformation.fr**
59 Tourcoing Lycée Sévigné 151 rue de la Malcense 03 20 25 31 43 **Public** P 3, 7 **sevigne-tg.etab.ac-lille.fr**
59 Valenciennes IRTS de Valenciennes 35 rue Ernest Macarez 03 27 42 40 97 **Pr Sc** P 1, 3, 4, 6, 7, 9, 10 **www.irtsnpdc.fr**
61 Alençon IRFSS Croix-Rouge 5 rue du Gue de Gesnes 02 33 31 67 12 **Pr Sc** P 1, 3, 6, 7, 9, 10 **irfss-basse-normandie.croix-rouge.fr**
61 Alençon Lycée M de Navarre av du Général Leclerc 02 33 80 33 50 **Public** P 3, 6, 7 **www.etab.ac-caen.fr/margueritedenavarre**
61 Flers Lycée St-Thomas d'Aquin 1 pl. Claudius Duperron 02 33 65 08 25 **Pr Sc** P 3, 6, 7, 9 **www.lycee.saintthomasdaquin.org**
62 Arras Centre de formation AFERTES 5 rue Frédéric Degeorge 03 21 60 40 00 **Pr Sc** P 1, 3, 6, 7, 9 **www.afertes.org**
62 Arras IRTS - Institut régional de travail social - Site Artois 5 rue Maurice Schumann 03 21 24 09 09 **Pr Sc** P 1, 3, 4, 6, 7, 9, 10 **www.irtsnpdc.fr**
62 Arras Lycée G Mollet 57 rue Bocquet Flochel 03 21 21 49 50 **Public** P 3, 6, 7, 9 **www.lgmarras.org**
62 Étaples IRTS bd Lefevre 03 21 89 97 00 **Pr Sc** P 1, 3, 4, 6, 7, 9 **www.irtsnpdc.fr**
62 Hénin-Beaumont Lycée F Darchicourt 211 rue R Cassin 03 21 08 74 30 **Public** P 3, 6, 7, 9 **www.lycee-darchicourt.net**
62 Lens Lycée A Behal 6 rue P Éluard 03 21 14 21 14 **Public** P 3, 6, 7 **lycee.behal.free.fr/spip**
62 Lens Lycée St-Paul 38 rte de la Bassée 03 21 13 56 10 **Pr Sc** P 3, 6, 7 **www.lyceestpaul-lens.fr**
62 Lens SEPIA Lens rue J Souvraz 03 21 79 17 07 **Public** P 3, 6, 7 **www.univ-artois.fr/Formations Formation-continue**
62 Lillers Lycée A France 64 bd de Paris 03 21 54 69 90 **Public** P 3, 6, 7, 9 **www5.ac-lille.fr/~afrancelillers**
62 Saint-Martin-Boulogne Lycée St-Joseph 26 - 30 rte de Calais 03 21 99 06 99 **Pr Sc** P 6, 7, 9 **www.st-jo.com**
62 Saint-Omer École européenne supérieure en travail social 42 rue Carnot 03 21 12 20 20 **Pr Sc** P 7, 9 **www.eests.org**
63 Clermont-Ferrand AUVERGNE FORMATION 9 rue G Romme 04 73 28 58 50 **Pr Hc** P 3, 6, 7, 9 **www.auvergneformation.com**

IRTS : institut régional du travail social
LP : lycée professionnel
Pr Hc : privé hors contrat
Pr Sc : privé sous contrat

Classes préparatoires aux concours d'entrée dans les formations sociales (suite)

64 Anglet Centre de formation Saint-André 163 av de Montbrun 05 59 63 83 93 **Pr Sc** P 1, 3, 6, 7, 9 **www.stanne64.fr**
64 Pau AFSA PREPA 17 rue du maréchal Joffre 05 59 27 34 03 **Pr Hc** P 3, 6, 7, 9 **www.afsa-pau.com**
64 Pau CFPC St-Dominique 30 av Fouchet 05 59 13 01 96 **Pr Sc** P 3, 6, 7, 9 **www.saintdominique.fr**
64 Pau FOR CO Pau rue J Ferry 05 59 40 78 88 **Public** P 3, 5, 6, 7 **forco.univ-pau.fr**
64 Pau UFR sciences et techniques av de l'université 05 59 40 74 40 **Public** P 2, 3, 5, 6, 7 **ufr-sciences-pau.univ-pau.fr**
64 Sauveterre-de-Béarn Lycée Notre-Dame rte d'Oraàs 05 59 38 55 83 **Pr Sc** P 3, 6, 7, 9 **www.ensemble-scolaire-sauveterre.com**
65 Tarbes Lycée Pradeau-La Sède St-Pierre 14 rue Mesclin 05 62 44 20 66 **Pr Sc** P 3, 6, 7, 9 **www.pradeaulasede.fr**
66 Perpignan NEOSUP 7 av des Palmiers 04 68 35 76 76 **Pr Sc** P 1, 3, 6, 7, 9, 10 **www.neosup.fr**
67 Schiltigheim IFCAAD 12 rue J Monnet 03 88 18 61 31 **Pr Sc** P 1, 2, 4, 5, 9, 10 **www.ifcaad.fr**
67 Strasbourg EDIAC Formation 7 rue de Soultz 03 88 14 42 90 **Pr Sc** P 3, 6, 7 **www.ediacformation.com**
67 Strasbourg ESTES 3 rue Sédillot 03 88 21 19 90 **Pr Sc** P 3, 6, 7 **www.estes.fr**
67 Strasbourg Horizon 24 a rue des Magasins 03 88 23 77 99 **Pr Hc** P 3, 5, 6, 7, 9 **www.horizon-strasbourg.com**
67 Strasbourg IESA 12 av d'Alsace 03 88 37 13 12 **Pr Hc** P 3, 6, 7, 9 **www.contrat-pro.fr**
67 Strasbourg Lycée Ste-Clotilde 19 rue de Verdun 03 88 45 57 20 **Pr Sc** P 3, 6, 7 **www.clotilde.org**
68 Illzach IFCAAD - Antenne d'Illzach 2 b rue des Alouettes 03 89 52 25 26 **Pr Sc** **www.ifcaad.fr**
68 Mulhouse Centre de formation d'éducateurs de jeunes enfants 22 av Kennedy 03 89 42 65 16 **Public** P 3, 6, 7 **www.cfeje-mulhouse.fr**
68 Mulhouse ISSM 4 rue Schlumberger 03 89 33 20 00 **Pr Sc** **www.issm.asso.fr**
68 Mulhouse Lycée M de Montaigne 5 rue de Metz 03 89 46 33 44 **Public** P 3, 6, 7 **www.lycee-montaigne.net**
69 Lyon ADONIS 59 rue de l'Abondance 04 37 48 98 28 **Pr Hc** P 3, 5, 6, 7, 9 **www.groupe-adonis.fr**
69 Lyon Carrel École privée des métiers du social et de la santé 119 rue Boileau 04 72 71 56 46 **Pr Sc** P 3, 6, 7 **www.carrel.fr**
69 Lyon Cours Diderot 23 rue Renan 04 78 69 10 80 **Pr Hc** P 3, 6, 7, 9 **www.coursdiderot.com**
69 Lyon Cours Galien 10 rue A Lumière 04 78 00 06 20 **Pr Hc** P 3, 6, 7, 9 **www.cours-galien.fr**
69 Lyon École santé social Sud-Est 20 rue de la Claire 04 78 83 40 88 **Pr Sc** P 1, 2, 3, 4, 6, 7, 9 **www.essse.fr**
69 Lyon Faculté de philosophie et de sciences humaines 25 rue du Plat 04 72 32 50 97 **Pr reconnu** P 3, 6, 7 **www.univ-catholyon.fr**
69 Lyon Lycée JB de La Salle 1 rue Neyret 04 72 10 10 30 **Pr Sc** P 1, 3, 4, 6, 7, 9, 10 **www.lasalle-69.com**
69 Lyon Objectif concours - SUPEXAM Lyon 109 rue Bataille 04 78 76 73 35 **Pr Hc** P 3, 6, 7, 9 **www.objectifconcours.com**
71 Chalon-sur-Saône Lycée St-Charles 3 rue Général-Giraud 03 85 45 83 35 **Pr Sc** P 3, 6, 7, 9 **www.ledevoir71.fr**
71 Mâcon Ma Prépa concours 16 cours Moreau 03 85 37 75 27 **Pr Hc** P 3, 6 **maprepa-concours.com**
71 Paray-le-Monial Lycée Jeanne d'Arc 17 rue Pasteur 03 85 81 10 02 **Pr Sc** P 3, 6, 7 **www.ecparay.fr/**
72 Allonnes Lycée A Malraux 3 rue Beau Soleil 02 43 39 28 50 **Public** P 3, 6 **malraux.e-lyco.fr**
72 Le Mans Lycée Ste-Catherine 202 rue Saint Aubin 02 43 39 14 72 **Pr Sc** P 3, 6, 7 **www.ets-stecatherine.com**
73 Chambéry IPAC Chambéry 44 rue Charles Montreuil 04 79 69 65 91 **Pr Hc** P 3, 6, 7 **www.ipac-france.com**
74 Annecy-le-Vieux MFR Annecy le Vieux 70 rte du Périmètre 04 50 27 65 81 **Pr Sc** P 3, 7, 9 **www.mfr-annecy.fr**
74 Thonon-les-Bains École supérieure du Léman 18 bis av J Ferry 04 50 71 90 10 **Pr Sc** P 3, 6, 7 **eslthonon.fr**
75 Paris Cours Diderot 13 rue de la Fontaine au Roi 01 49 23 75 75 **Pr Hc** P 3, 6, 7, 9 **www.coursdiderot.com**
75 Paris Cours Galien 92 rue de Rennes 01 53 63 00 22 **Pr Hc** P 3, 6, 7, 9 **www.cours-galien.fr**
75 Paris EXCOSUP santé-paramédical 12 rue Hautefeuille 01 46 34 06 33 **Pr Hc** P 3, 6, 7 **www.excosup.fr**
75 Paris IRTS Paris Ile-de-France 145 av Parmentier 01 73 79 51 00 **Pr Sc** P 3, 5, 6, 7, 9 **www.irtsparisidf.asso.fr**
75 Paris Lycée la Plaine Monceau 9 bd de Courcelles 01 43 87 54 05 **Pr Sc** P 3, 6, 7 **www.plaine-monceau.fr**
75 Paris Lycée Notre-Dame 49 rue Bobillot 01 45 80 77 90 **Pr Sc** P 3, 6, 7 **www.gs-svp.com**
75 Paris Progress Santé 15-17 rue L Blanc 01 44 54 24 24 **Pr Hc** P 3, 6, 7, 9 **www.progress-sante.com**
75 Paris Sup social 46 rue de la tour 01 56 91 23 45 **Pr Hc** P 3, 6, 7, 9 **www.supsocial.com**
76 Canteleu Institut du développement social Allée de Flore 02 32 83 25 24 **Pr Sc** P 1, 3, 4, 7, 9, 10 **www.ids.fr**
76 Le Havre Institut de Formation d'Éducateurs de Normandie 34 bis rue Amiral Courbet 02 35 42 10 30 **Pr Sc** P 3, 6, 7, 9 **www.ifen-formation.com**
76 Rouen CPES Classes préparatoires aux études de santé 18 - 28 (entrée élèves) pl. St Marc 02 35 70 02 02 **Pr Hc** P 3, 6, 7, 9 **www.cpes-rouen.com**
76 Rouen La Pro Rouen 42 rue de Le Nostre 02 32 08 17 31 **Pr Hc** P 1, 3, 6, 7, 9 **www.laprorouen.fr**
76 Rouen Lycée Jean-Paul II 39 rue de l'Avalasse 02 35 71 23 55 **Pr Sc** P 3, 6, 7, 9 **www.institutionjeanpaul2.fr**
76 Sainte-Adresse Lycée Jeanne d'Arc - site principal Jeanne d'Arc 22 rue Général de Gaulle 02 35 54 65 50 **Pr Sc** **www.lyceejdarc.org**
78 Versailles Lycée des Châtaigniers 11 bis av J Jaurès 01 39 55 95 04 **Pr Sc** P 3, 6, 7 **www.leschataigniers.com**
79 Brioux-sur-Boutonne MFR 47 av de Poitiers 05 49 07 36 40 **Pr Sc** P 3, 6, 7, 9 **www.mfr-brioux.fr**
80 Amiens Centre pédagogique 74 rue des Jacobins 03 22 22 05 66 **Pr Hc** P 1, 3, 6, 7, 9, 10 **www.centrepedagogique.fr**
80 Amiens Poly-prépas 70 rue des Jacobins 03 22 92 93 83 **Pr Hc** P 1, 3, 6, 7, 9 **www.poly-prepas.com**
81 Albi Lycée Ste-Cécile 1 av du Breuil 05 63 46 16 66 **Pr Sc** P 3, 6, 7 **www.lycee-sainte-cecile.com**
83 Ollioules IRFSS - IFTS Croix-Rouge française - Site d'Ollioules 04 94 93 66 00 **Pr Sc** P 1, 3, 7, 9 **irfss-pacac.croix-rouge.fr**
83 Saint-Raphaël IRFSS - Croix-Rouge française - Site de Saint-Raphaël 04 94 93 27 20 **Pr Sc** P 3, 7, 9 **irfss-pacac.croix-rouge.fr**
83 Toulon Maestris Toulon 10 rue Truguet 04 94 92 32 84 **Pr Hc** P 1, 3, 6, 7, 9, 10 **www.maestris.com**
84 Avignon Institut méditerranéen de formation et recherche en travail social 641 Chemin de la Verdière 04 32 40 41 80 **Pr Sc** P 1, 3, 6, 7, 9 **www.imf.asso.fr**
84 Avignon IRFSS Croix-Rouge 28 av Fontcouverte 04 32 74 34 10 **Pr Sc** P 3, 6, 7 **irfss-pacac.croix-rouge.fr**
84 Avignon Lycée St-Joseph 62 rue des Lices 04 90 14 56 00 **Pr Sc** P 3, 6, 7 **www.stjoavignon.com**

84 Avignon SFC 1 av de Saint Jean 04 32 74 32 20/24 **Public** P 3, 6, 7, 9 **www.univ-avignon.fr**
84 Carpentras Centre de formation Les Chênes 524 av du Pont des Fontaines 04 90 63 98 71 **Pr Sc** P 1, 3, 6, 7, 9 **www.lyceeprofessionnel-leschenes.org**
85 Fontenay-le-Comte Lycée Notre-Dame 29 rue Rabelais 02 51 69 19 33 **Pr Sc** P 1, 3, 6, 7, 9 **www.ndfontenay.com**
85 La Roche-sur-Yon SupSocial rue B Franklin 09 70 80 82 21 **Pr Sc** P 3, 6, 7 **www.etablieres.fr**
86 Futuroscope CNED bd L de Vinci 05 49 49 94 94 **Public** P 1, 3, 6, 7, 9 **www.cned.fr**
86 Poitiers Cycle prépa aux concours sociaux et paramédicaux 2 rue de la Milétrie 05 49 44 42 10 **Public** P 3, 6, 7 **www.chu-poitiers.fr**
86 Poitiers IPECO 59 rue V Schoelcher 05 49 60 76 69 **Pr Hc** P 1, 3, 6, 7, 9 **www.ipeco.fr**
86 Poitiers IRTS 1 rue G Gnemer 05 49 37 60 00 **Pr Sc** P 1, 3, 6, 7, 8, 9 **www.irts-poitou-charentes.org/**
87 Limoges ELPAC 4 rue de la préfecture 05 55 14 97 41 **Pr Hc** P 1, 3, 6, 7, 9 **www.elpac.fr**
87 Limoges Formasup 52 rue Turgot 05 55 33 58 84 **Pr Hc** P 3, 6, 7, 9 **www.cpeslimoges.com**
87 Limoges Ifsi 25 rue Sismondi 05 87 75 32 00 **Pr Sc** P 1, 3, 4, 6, 7, 9 **irfss-limousin.croix-rouge.fr/**
93 Neuilly-sur-Marne Fondation ITSRS 150 av P Vaillant-Couturier 01 49 44 67 10 **Public** P 3, 5, 6, 7 **www.fondation-itsrs.org**
94 Saint-Mandé CAPEPP prépa paramédicale et sociale 18 rue Plisson 01 41 93 18 92 **Pr Hc** P 3, 4, 6, 7, 9 **www.capepp.com**
972 Saint-Joseph IFMES Quartier Rivière l'Or 05 96 42 56 56 **Pr Sc** P 3, 6, 7 **www.urass-ifmes.com**
972 Schoelcher Service Universitaire Territorial à la Formation Continue Campus de Schoelcher 05 96 72 73 33 **Public** **www.univ-ag.fr**
973 Cayenne SEP du lycée Melkior et Garré rte de Montabo 0594 29 78 20 **Public** **webtice.ac-guyane.fr/melkior**

DIPLÔME D'ÉTAT

Sont présentés ici les 12 diplômes d'État menant aux métiers du travail social (aide médico-psychologique, assistant de service social…). Quelques-uns sont accessibles sans le bac. Les durées de formation sont variables (de 1 à 3 ans).

AIDE MÉDICO-PSYCHOLOGIQUE

01 Bourg-en-Bresse ADEA 12 rue du Peloux 04 74 32 77 32 **Pr Sc** **www.adea-formation.com**
02 Laon IRFFE 16 pl. Jacques de Troyes 03 23 23 19 79 **Public A** **www.irffe.fr**
06 Cannes Ifsi 15 av des Broussailles - CS 50008 04 93 69 70 06 **Public** **www.ch-cannes.fr**
06 Nice IESTS 6 rue Chanoine Rance Bourrey 04 92 07 77 97 **Pr Sc S** ou **A** **www.iests.com**
06 Nice Institut national de formation appliquée 62 bd Paul Montel 04 93 71 16 08 **Pr Hc** **www.infa-formation.com**
07 Privas Ifsi 19 cours du Temple 04 75 20 15 40 **Pr Sc** **ifsiprivas.learneos.fr**
07 Tournon-sur-Rhône Centre de formation Vivarais Formation 111 av du 8 mai 1945 04 75 07 14 50 **Pr Sc A** **www.vivaraisformation.com**
10 Troyes Institut régional de formation sanitaire et sociale 18 rue Louis Morin 03 25 81 41 00 **Pr Sc** **irfss-champagne-ardenne.croix-rouge.fr**
11 Souilhanels CPFP 1165 rte du Pastel 04 68 60 03 61 **Pr Sc S** ou **A** **www.larouatiere.com**
13 Arles Institut méditerranéen de formation et recherche en travail social 1 rue Copernic 04 91 24 61 12 **Pr Sc** **www.imf.asso.fr**
13 Marseille IRTS 20 bd des Salyens 04 91 76 99 00 **Pr reconnu A** **www.irts-pacacorse.com**
14 Hérouville-Saint-Clair IRTS 11 rue Guyon de Guercheville 02 31 54 42 00 **Pr Sc S** ou **A** **www.irts-bn.asso.fr**
17 Puilboreau CFP des MFR de La Rochelle Beaulieu rue du 8 mai 1945 05 46 00 34 35 **Pr Sc** **www.cfplarochellebeaulieu.mfr.fr**
22 Saint-Brieuc Askoria - les métiers des solidarités 12 rue du Vau Meno 02 96 78 86 20 **Pr Sc** **www.askoria.eu**
24 Bergerac Centre de formation au travail sanitaire et social Fondation J Bost 28 bd A Claveille 05 53 22 23 00 **Pr Sc** **www.cef-bergerac.org**
24 Champcevinel Centre de formation et de promotion Jarijoux 05 53 45 40 70 **Pr** **www.cfpchampcevinel.fr**
25 Besançon IRTS 1 rue A de Vigny 03 81 41 61 00 **Public** **www.irts-fc.fr**
26 Valence Association régionale pour la formation, la recherche et l'innovation 09 50 94 48 45 **Pr Sc** **www.arfrips.fr**
29 Quimper ITES 2 rue Alfred Le Bars 02 98 90 38 73 **Pr Sc** **www.ites-formation.com**
30 Nîmes Institut de formation de moniteurs éducateurs 2117 chemin du Bachas 04 66 68 99 60 **Pr Sc S** ou **A** **www.ifme.fr**
31 Mane MFREO 35 av de Couserans 05 61 90 50 84 **Pr Sc A** **www.mfr-mane.fr**
31 Toulouse IFRASS 2 bis rue E Pelletier 05 34 63 89 00 **Pr Sc** **www.ifrass.net**
31 Toulouse Institut St-Simon av du Général de Croutte 05 61 19 09 49 **Pr Sc S** ou **A** **institutsaintsimon.com**
33 Blaye MFR Saint-Martin-Lacaussade 05 57 42 65 15 **Pr Sc A** **www.mfrblaye.fr**
33 Bordeaux CIFA PME 50 rue de Marseille 05 57 22 42 30 **Pr A** **www.cifapme.net**
34 Castelnau-le-Lez CFA de l'hospitalisation privée 288 rue H Boucher 04 99 51 22 30 **Pr A** **www.fhp-lr.com**
34 Montpellier IRTS 1011 rue du Pont Laverune 04 67 07 02 30 **Pr Sc S** ou **A** **www.irts-lr.fr**
35 Rennes Askoria - les métiers des solidarités 2 av du Bois Labbé 02 99 59 41 41 **Pr Sc** **www.askoria.eu**
35 Rennes Lycée Jeanne d'Arc 61 rue la Fontaine 02 99 84 30 30 **Pr Sc** **www.lja35.fr**
36 Châteauroux Office technique départemental d'insertion 33 rue de la Gare 02 54 53 23 60 **Pr Sc**
37 Tours Institut du travail social 17 rue Groison 02 47 62 33 33 **Pr Sc S** ou **A** **www.its-tours.com**
38 Échirolles IFTS 3 av V Hugo 04 76 09 02 08 **Pr Sc** **www.ifts-asso.com**
38 Fontanil-Cornillon LP F Dolto 4 rue Piardière 04 76 28 85 00 **Public** **www.ac-grenoble.fr/lycee/dolto.fontanil**

Ifsi : institut de formation en soins infirmiers
IRTS : institut régional du travail social
LP : lycée professionnel
Pr Hc : privé hors contrat
Pr Sc : privé sous contrat
A : statut de l'élève « apprenti »
S : statut de l'élève « scolaire »

Diplôme d'État d'aide médico-psychologique (suite)

38 Grenoble CFA IMT institut des métiers et techniques 10 rue A Pupin 04 76 28 26 98 **Pr A www.imt-grenoble.fr**
38 Le Pont-de-Beauvoisin Lycée du Guiers-Val d'Ainan 6 pl. du marché 04 76 37 21 20 **Pr Sc A www.lyceeduguiers.fr**
42 Feurs Lycée le Puits de l'Aune rue L Blanc 04 77 26 11 65 **Pr Sc A lepuitsdelaune.fr**
42 Marlhes MFR 22 rte de Jonzieux 04 77 51 81 87 **Pr Sc A www.mfr-marlhes.com**
42 Saint-Chamond LP St-Ennemond pl. de l'Égalité 04 77 22 08 14 **Pr Sc www.saintennemond.eu**
42 Saint-Étienne IRFSS Rhône-Alpes Croix-Rouge St-Étienne 41 rue Montferré 04 77 81 02 00 **Pr Sc irfss-rhone-alpes.croix-rouge.fr**
44 Nantes Centre de formation et de recherche à la relation d'aide et de soins 14 bd W Churchill 02 51 86 24 13 **Pr Sc www.cefras.com**
44 Rezé LP LJ Goussier 20 rue du Château de Rezé 02 40 32 44 00 **Public perrin-goussier.paysdelaloire.e-lyco.fr**
45 Olivet ERTS 2032 rue du Général de Gaulle 02 38 69 17 45 **Pr Sc S** ou **A www.erts-olivet.org**
47 Marmande ADES Établissement de formation en travail social allée des tabacs 05 53 79 12 87 **Pr Sc www.adesformations.fr**
47 Villeneuve-sur-Lot Lycée l'Oustal rue P Sabatier 05 53 36 21 36 **Pr Sc A www.lycee-oustal.fr**
48 Marvejols École du travail éducatif et social 17 av T Roussel 04 66 32 27 78 **Pr Sc S** ou **A www.etes.fr**
49 Angers Centre de formation et de recherche à la relation d'aide et de soins Allée phytolia 02 41 20 59 90 **Pr Sc www.cefras.com**
49 Angers Centre de formation et de recherche à la relation d'aide et de soins 35 rue de la Barre 02 41 20 59 90 **Pr Sc www.cefras.com**
49 Angers LP Simone Veil 77 rue de Salpinte 02 41 66 80 31 **Public simoneveil.e-lyco.fr**
50 Cherbourg-Octeville LP A de Tocqueville 34 av H Poincaré 02 33 88 35 00 **Public www.etab.ac-caen.fr/tocquev**
50 Mortain SEP du lycée R de Mortain 30 rue 30e Division Américaine 02 33 59 00 76 **Public S** ou **A robertdemortain.etab.ac-caen.fr**
51 Châlons-en-Champagne École d'aide médico-psychologique CREAHI Cité Administrative Tirlet 03 26 68 35 71 **Pr Sc www.creahi-champagne-ardenne.fr**
53 Laval Centre de formation et de recherche à la relation d'aide et de soins 65 rue du Chef de Bataillon Henri Géret 02 43 64 20 92 **Pr Sc www.cefras.com**
53 Laval LP R Buron 68 rue Bellessort 02 43 67 24 20 **Public reaumur-buron.paysdelaloire.e-lyco.fr**
54 Nancy IRTS 201 av Pinchard 03 83 93 36 00 **Pr Sc A www.irts-lorraine.fr**
56 Lorient LP M le Franc 128 bd L Blum 02 97 87 24 87 **Public www.marielefranc.org**
56 Saint-Avé GRIMES 22 rue de l'Hôpital 02 97 54 48 28 **Pr Sc www.grimes.fr**
59 Grande-Synthe IRTS site Grand Littoral - Grande-Synthe rue Galilée 03 28 24 51 30 **Pr Sc S** ou **A www.irtsnpdc.fr**
59 Lille Association régionale ressources formations dans l'aide aux personnes 105 rue d'Artois 03 20 51 37 11 **Pr Sc www.arrfap.asso.fr**
59 Loos IRTS rue A Paré 03 20 62 53 85 **Pr Sc A www.irtsnpdc.fr**
59 Maubeuge ARRFAP Maubeuge 6 rue d'Artois 03 27 64 89 54 **Pr Hc www.arrfap.asso.fr**
59 Valenciennes IRTS de Valenciennes 35 rue Ernest Macarez 03 27 42 40 97 **Pr Sc A www.irtsnpdc.fr**
61 Alençon IRFSS Croix-Rouge 5 rue du Gue de Gesnes 02 33 31 67 12 **Pr Sc A irfss-basse-normandie.croix-rouge.fr**
62 Arras IRTS - Institut régional de travail social - Site Artois 5 rue Maurice Schumann 03 21 24 09 09 **Pr Sc A www.irtsnpdc.fr**
62 Calais Centre de recherches et d'études en formation et organisation 51 rue de Vic 03 21 85 35 72 **Pr Hc www.crefo.fr**
62 Étaples IRTS bd Lefevre 03 21 89 97 00 **Pr Sc A www.irtsnpdc.fr**
62 Saint-Omer Centre de recherches et d'études en formation et organisation 8 rue des Bleuets 03 21 39 02 65 **Pr Hc www.crefo.fr**
62 Wimereux Centre de recherches et d'études en formation et organisation 6 rue Jean Marie Bourguignon 03 21 87 47 21 **Pr Hc www.crefo.fr**
64 Bayonne CIFA PME 15 rue Vauban 05 59 46 35 50 **Pr A www.cifapme.net**
64 Etcharry AFMR Château Elgart 05 59 65 72 82 **Pr Sc www.afmr-etcharry.com**
64 Pau Institut du travail social Pierre Bourdieu 8 cours L Bérard 05 59 84 93 93 **Pr Sc www.its-pau.fr**
65 Tarbes Institut St-Simon IUT de Tarbes - 1 rue Lautréamont 05 62 44 42 67 **Pr Sc www.institutsaintsimon.com**
67 Schiltigheim IFCAAD 12 rue J Monnet 03 88 18 61 31 **Pr Sc A www.ifcaad.fr**
68 Colmar Institut de formation du groupe hospitalier du Centre Alsace 18 rue Charles Sandherr 03 89 21 22 50 **Pr Sc S** ou **A www.ghca.fr**
68 Colmar LP St-Jean 3 rue Saint Jean 03 89 21 98 10 **Pr Sc A www.st-jean-colmar.fr**
68 Illzach IFCAAD - Antenne d'Illzach 2b rue des Alouettes 03 89 52 25 26 **Pr Sc A www.ifcaad.fr**
68 Mulhouse LP du Rebberg 1 rue de verdun 03 89 31 74 40 **Public www.lyceedurebberg.fr**
69 Écully Institut St-Laurent 41 rue du Chancelier 04 78 33 46 20 **Pr Sc www.institutsaintlaurent.com**
69 Lyon ARFRIPS 10 impasse P Baizet 04 78 69 90 90 **Pr Sc www.arfrips.fr**
69 Lyon École Rockefeller 4 av Rockefeller 04 78 76 52 22 **Pr Sc A www.ecole-rockefeller.com**
70 Vesoul Ifsi Croix-Rouge 12 rue Miroudot Saint Ferjeux 03 84 75 80 44 **Pr Sc irfss-franche-comte.croix-rouge.fr**
72 Le Mans Centre de formation et de recherche à la relation d'aide et de soins 11 rue Pied sec 02 43 72 97 22 **Pr Sc www.cefras.com**
74 Annecy IREIS 1 bis bd du Fier 04 50 46 57 01 **Pr Sc www.ireis.org**
74 La Balme-de-Sillingy MFR La Catie 6 rte de la Catie 04 50 68 70 55 **Pr Sc A mfr-labalme.fr**
75 Paris CFA ADAPSS sanitaire, social et médico-social 127 av d'Italie 01 42 02 10 74 **Pr A www.adapss.fr**
75 Paris IRTS Paris Ile-de-France 145 av Parmentier 01 73 79 51 00 **Pr Sc www.irtsparisidf.asso.fr**
75 Paris SEP du Lycée d'Alembert 22 sente des Dorées 01 42 08 04 10 **Public lyc-dalembert.ac-paris.fr**
76 Canteleu Institut du développement social Allée de Flore 02 32 83 25 24 **Pr Sc www.ids.fr**
76 Le Havre Institut de Formation d'Éducateurs de Normandie 34 bis rue Amiral Courbet 02 35 42 10 30 ou 02 35 19 96 96 **Pr Sc www.ifen-formation.com**
78 Buc Buc ressources 1bis rue L Massotte 01 39 20 19 94 **Pr Sc www.buc-ressources.org**
80 Amiens IRFFE 12 rue des Deux Ponts 03 22 66 33 99 **Pr reconnu S** ou **A www.irffe.fr**
81 Le Sequestre Institut St-Simon Le Prestil 05 63 43 20 49 **Pr Sc www.institutsaintsimon.com**

83 Brignoles IRFSS - Croix-Rouge française - Site de Brignoles 04 94 93 66 00 **Pr Sc** **irfss-pacac.croix-rouge.fr**
83 Ollioules IRFSS - IFTS Croix-Rouge française - Site d'Ollioules 04 94 93 66 00 **Pr Sc S** ou **A irfss-pacac.croix-rouge.fr**
84 Avignon Institut méditerranéen de formation et recherche en travail social 641 Chemin de la Verdière 04 32 40 41 80 **Pr Sc S** ou **A www.imf.asso.fr**
84 Carpentras Centre de formation Les Chênes 524 av du Pont des Fontaines 04 90 63 98 71 **Pr Sc** **www.lyceeprofessionnel-leschenes.org**
85 La Roche-sur-Yon Centre de formation et de recherche à la relation d'aide et de soins 59 rue Ampère 02 51 47 71 98 **Pr Sc www.cefras.com**
86 Poitiers IRTS 1 rue G Gnemer 05 49 37 60 00 **Pr Sc** **www.irts-poitou-charentes.org**
87 Isle Institut régional de formation d'éducateurs 2 rue du Buisson 05 55 01 40 52 **Pr Sc www.irfe87.com**
91 Évry IRFASE 5 Terrasses de l'Agora 01 60 79 47 47 **Pr Sc www.irfase.com**
91 Juvisy-sur-Orge LP J Monnet 51 av du Géneral de Gaulle 01 69 12 44 50 **Public** **www.lyc-monnet-juvisy.ac-versailles.fr**
93 Aubervilliers CFLC 44/51/53 rue de la commune de Paris 01 48 11 49 30 **Pr Sc www.couve.fr**
93 Montreuil Ifsi la Croix St-Simon 81-83 rue Michelet 01 41 58 56 70 **Pr Sc S** ou **A** **www.croix-saint-simon.org**
94 Champigny-sur-Marne LP G Péri 41 av Boileau 01 48 80 43 24 **Public A** **www.lpgabrielperi.ac-creteil.fr**
94 Nogent-sur-Marne École INFA 5 - 9 rue Anquetil 01 45 14 64 00 **Pr Hc S** ou **A** **www.infa-formation.com**
95 Cergy EPSS 32 bd du Port 01 30 75 62 96 **Pr Sc www.epss-edu.com**
95 Pontoise Lycée C Pissarro 1 rue H Matisse 01 34 41 54 54 **Public** **www.lyc-pissarro-pontoise.ac-versailles.fr**
971 Les Abymes CFTS de la Guadeloupe rte de la Rocade 05 90 83 79 25 **Pr Sc** **www.cfts-formation.fr**
971 Les Abymes FORM'Action 41 Lotissement Dugazon de Bourgogne 05 90 93 01 16 **Pr Sc www.formaction.org**
972 Saint-Joseph IFMES Quartier Rivière l'Or 05 96 42 56 56 **Pr Sc** **www.urass-ifmes.com**
973 Cayenne IRDTS Chemin rural du Centre Médico-sportif 05 94 25 34 88 **Pr Sc www.guyane.drjscs.gouv.fr**
974 Saint-Benoît IRTS 1 rue S Brunet 02 62 92 97 77 **Pr reconnu** **www.irtsreunion.fr**
974 Saint-Pierre EMAP Chemin Vélia - Bois d'olives 02 62 96 95 30 **Pr Sc** **www.emap.re**

ASSISTANT DE SERVICE SOCIAL

01 Bourg-en-Bresse IREIS 48 rue du Peloux 04 37 62 14 90 **Pr Sc** **www.ireis.org**
02 Laon IRFFE 16 pl. Jacques de Troyes 03 23 23 19 79 **Public www.irffe.fr**
03 Moulins IRFSSA Croix-Rouge 20 rue du Vert Galant 04 70 48 20 30 **Pr Sc** **irfss-auvergne.croix-rouge.fr**
06 Nice IESTS 6 rue Chanoine Rance Bourrey 04 92 07 77 97 **Pr Sc S** ou **A** **www.iests.com**
13 Marseille Institut méditerranéen de formation et recherche en travail social 50 rue du village 04 91 24 61 10 **Pr Sc** **S** ou **A www.imf.asso.fr**
13 Marseille IRTS 20 bd des Salyens 04 91 76 99 00 **Pr reconnu S** ou **A** **www.irts-pacacorse.com**
14 Hérouville-Saint-Clair IRTS 11 rue Guyon de Guercheville 02 31 54 42 00 **Pr Sc www.irts-bn.asso.fr**
21 Dijon IRTESS 2 rue du Professeur Marion 03 80 72 64 50 **Pr Sc www.irtess.fr**
22 Saint-Brieuc Askoria - les métiers des solidarités 12 rue du Vau Meno 02 96 78 86 20 **Pr Sc www.askoria.eu**
25 Besançon IRTS 1 rue A de Vigny 03 81 41 61 00 **Public www.irts-fc.fr**
26 Valence ESSSE 103 av M Faure 04 75 86 30 55 **Pr Sc www.essse.fr**
29 Brest Institut pour le travail éducatif et social 170 rue J Janssen 02 98 34 60 60 **Pr Sc www.ites-formation.com**
30 Nîmes Institut de formation de moniteurs éducateurs 2117 chemin du Bachas 04 66 68 99 60 **Pr Sc www.ifme.fr**
31 Toulouse École régionale d'assistant de service social - CHU de Toulouse 24 impasse de la Flambère 05 61 77 24 17 **Public** **www.chu-toulouse.fr/ecole-regionale-d-assistants-de-**
31 Toulouse IRFSS Croix-Rouge 71 chemin des Capelles 05 61 31 56 34 **Pr Sc irfss.croix-rouge.fr**
33 Talence Institut régional du travail social d'Aquitaine 9 av F Rabelais 05 56 84 20 20 **Pr Sc** **www.irtsaquitaine.fr**
34 Montpellier IRTS 1011 rue du Pont Laverune 04 67 07 02 30 **Pr Sc** **www.irts-lr.fr**
35 Rennes Askoria - les métiers des solidarités 2 av du Bois Labbé 02 99 59 41 41 **Pr Sc www.askoria.eu**
37 Chambray-lès-Tours IRFSS Croix-Rouge rue Minkowski 02 47 88 43 43 **Pr reconnu irfss-centre.croix-rouge.fr**
38 Échirolles IFTS 3 av V Hugo 04 76 09 02 08 **Pr Sc www.ifts-asso.com**
38 Grenoble IUT 2 2 pl. Doyen-Gosse 04 76 28 45 09 **Public** **www.iut2.upmf-grenoble.fr**
42 Firminy IREIS 42 rue de La Tour de Varan 04 77 10 13 70 **Pr Sc www.ireis.org**
44 Rezé ARIFTS-PONANTS 10 rue Marion Cahour 02 40 75 69 94 **Pr Sc www.arifts.fr**
45 Olivet ERTS 2032 rue du Général de Gaulle 02 38 69 17 45 **Pr Sc S** ou **A** **www.erts-olivet.org/**
49 Angers ARIFTS-SAFRANTS 10 rue G Morel 02 41 48 20 22 **Pr Sc** **www.arifts.fr**
51 Reims IRTS 8 rue Joliot Curie 03 26 06 54 84 **Pr Sc www.irts-ca.fr**
54 Nancy IRTS 201 av Pinchard 03 83 93 36 00 **Pr Sc S** ou **A** **www.irts-lorraine.fr**
56 Lorient Askoria - les métiers des solidarités 7 rue des Montagnes 02 97 87 65 10 **Pr Sc www.askoria.eu**
57 Le Ban-Saint-Martin IRTS 41 av de la Liberté 03 87 31 68 00 **Pr Sc** **www.irts-lorraine.fr**
59 Grande-Synthe IRTS site Grand Littoral - Grande-Synthe rue Galilée 03 28 24 51 30 **Pr Sc www.irtsnpdc.fr**
59 Lille ISL - Institut Social de Lille 83 boulevard Vauban bât. C 03 20 21 93 93 **Pr Sc www.institut-social-lille.fr**
59 Loos IRTS rue A Paré 03 20 62 53 85 **Pr Sc S** ou **A www.irtsnpdc.fr**
59 Maubeuge Institut social de Maubeuge 6 rue d'Artois 03 27 64 89 54 **Pr Sc www.institut-social-lille.fr**
59 Valenciennes IRTS de Valenciennes 35 rue Ernest Macarez 03 27 42 40 97 **Pr Sc www.irtsnpdc.fr**
60 Beauvais IRFFE 1 rue Arago 03 44 07 72 34 **Public www.irffe.fr**
61 Alençon IRFSS Croix-Rouge 5 rue du Gue de Gesnes 02 33 31 67 12 **Pr Sc** **irfss-basse-normandie.croix-rouge.fr**
62 Arras IRTS - Institut régional de travail social - Site Artois 5 rue Maurice Schumann 03 21 24 09 09 **Pr Sc S** ou **A** **www.irtsnpdc.fr**

Ifsi : institut de formation en soins infirmiers
IRTS : institut régional du travail social
LP : lycée professionnel
Pr Hc : privé hors contrat
Pr Sc : privé sous contrat
A : statut de l'élève « apprenti »
S : statut de l'élève « scolaire »

Diplôme d'État d'assistant de service social (suite)

62 Étaples IRTS bd Lefevre 03 21 89 97 00 **Pr Sc S** ou **A www.irtsnpdc.fr**
63 Clermont-Ferrand ITSRA 62 av M Dormoy 04 73 17 01 00 **Pr Sc www.itsra.net**
64 Pau Institut du travail social Pierre Bourdieu 8 cours L Bérard 05 59 84 93 93 **Pr Sc www.its-pau.fr**
66 Perpignan IRTS 1 rue Charles Perrier 04 68 08 20 75 **Pr Sc www.irts-lr.fr**
67 Strasbourg ESTES 3 rue Sédillot 03 88 21 19 90 **Pr Sc S** ou **A www.estes.fr**
68 Mulhouse ISSM 4 rue Schlumberger 03 89 33 20 00 **Pr Sc S** ou **A www.issm.asso.fr**
69 Lyon École Rockefeller 4 av Rockefeller 04 78 76 52 22 **Pr Sc www.ecole-rockefeller.com**
69 Lyon École santé social Sud-Est 20 rue de la Claire 04 78 83 40 88 **Pr Sc www.essse.fr**
69 Lyon IRFSS Rhône-Alpes - Croix-Rouge 115 av Lacassagne 04 72 11 98 50 **Pr Sc irfss-rhone-alpes.croix-rouge.fr**
74 Annecy IREIS 1 bis bd du Fier 04 50 46 57 01 **Pr Sc www.ireis.org**
75 Paris CFA ADAPSS sanitaire, social et médico-social 127 av d'Italie 01 42 02 10 74 **Pr A www.adapss.fr**
75 Paris École de service social école de la CRAMIF 17-19 pl. de l'Argonne 01 44 65 79 99 **Public www.cramif.fr**
75 Paris École de travail social du lycée F Rabelais 9 rue F de Croisset 01 53 09 13 21 **Public www.lycee-rabelais-paris.fr**
75 Paris École normale sociale 2 rue de Torcy 01 40 38 67 00 **Pr Sc www.ensparis.fr**
75 Paris ETSUP 8 villa du Parc Montsouris 01 44 16 81 81 **Pr Sc www.etsup.com**
75 Paris Institut formation en travail social - La Salpêtrière 47 bd de l'Hôpital 01 42 16 06 81 **Public formation.aphp.fr/ecoles/index.php**
75 Paris IRTS Paris Ile-de-France 145 av Parmentier 01 73 79 51 00 **Pr Sc www.irtsparisidf.asso.fr**
75 Paris IUT Paris 5 143 av de Versailles 01 42 86 47 23/22/24 **Public www.iut.parisdescartes.fr**
76 Canteleu Institut du développement social Allée de Flore 02 32 83 25 24 **Pr Sc www.ids.fr**
76 Le Havre IUT rue B Vian 02 32 74 46 00 **Public www-iut.univ-lehavre.fr**
78 Versailles IFSY 27 bd Saint-Antoine 01 39 23 15 50 **Public www.yvelines.fr/ifsy**
80 Amiens IRFFE 12 rue des Deux Ponts 03 22 66 33 99 **Pr reconnu www.irffe.fr**
83 Ollioules IRFSS - IFTS Croix-Rouge française - Site d'Ollioules 04 94 93 66 00 **Pr Sc irfss-pacac.croix-rouge.fr**
84 Avignon Institut méditerranéen de formation et recherche en travail social 641 Chemin de la Verdière 04 32 40 41 80 **Pr Sc S** ou **A www.imf.asso.fr**
85 La Roche-sur-Yon SupSocial rue B Franklin 09 70 80 82 21 **Pr Sc www.etablieres.fr**
86 Poitiers IRTS 1 rue G Gnemer 05 49 37 60 00 **Pr Sc www.irts-poitou-charentes.org**
87 Limoges École de service social de la Croix-Rouge 25 rue Sismondi 05 87 75 32 00 **Pr Sc irfss-limousin.croix-rouge.fr**
91 Évry IRFASE 5 Terrasses de l'Agora 01 60 79 47 47 **Pr Sc S** ou **A www.irfase.com**
93 Bobigny IUT 1 rue de Chablis 01 48 38 88 27 **Public www.iut-bobigny.univ-paris13.fr**
93 Neuilly-sur-Marne Fondation ITSRS 150 av P Vaillant-Couturier 01 49 44 67 10 **Public www.fondation-itsrs.org**
95 Cergy EPSS 32 bd du Port 01 30 75 62 96 **Pr Sc S** ou **A www.epss-edu.com**
971 Les Abymes FORM'Action 41 Lotissement Dugazon de Bourgogne 05 90 93 01 16 **Pr Sc www.formaction.org**
972 Saint-Joseph IFMES Quartier Rivière l'Or 05 96 42 56 56 **Pr Sc www.urass-ifmes.com**
973 Cayenne IRDTS Chemin rural du Centre Médico-sportif 05 94 25 34 88 **Pr Sc S** ou **A www.guyane.drjscs.gouv.fr**
974 Saint-Benoît IRTS 1 rue S Brunet 02 62 92 97 77 **Pr reconnu www.irtsreunion.fr**
987 Papeete Service des affaires sociales Immeuble Te Hotu, av du Prince Hinoi 689 46 58 26/46 58 79 **Public**

ASSISTANT FAMILIAL

31 Toulouse IRFSS Croix-Rouge 71 chemin des Capelles 05 61 31 56 34 **Pr Sc irfss.croix-rouge.fr**
65 Tarbes Institut St-Simon IUT de Tarbes - 1 rue Lautréamont 05 62 44 42 67 **Pr Sc www.institutsaintsimon.com**
76 Canteleu Institut du développement social Allée de Flore 02 32 83 25 24 **Pr Sc www.ids.fr**
76 Le Havre Institut de Formation d'Éducateurs de Normandie 34 bis rue Amiral Courbet 02 35 42 10 30 ou 02 35 19 96 96 **Pr Sc www.ifen-formation.com**
87 Isle Institut régional de formation d'éducateurs 2 rue du Buisson 05 55 01 40 52 **Pr Sc www.irfe87.com**
973 Cayenne IRDTS Chemin rural du Centre Médico-sportif 05 94 25 34 88 **Pr Sc www.guyane.drjscs.gouv.fr**

AUXILIAIRE DE VIE SOCIALE

01 Bourg-en-Bresse ADEA 12 rue du Peloux 04 74 32 77 32 **Pr Sc www.adea-formation.com**
01 Bourg-en-Bresse IREIS 48 rue du Peloux 04 37 62 14 90 **Pr Sc www.ireis.org**
01 Montluel MFR de la Dombes rte de Saint André de Corcy 04 78 06 64 33 **Pr Sc A www.mfr01.fr/La-Dombes**
03 Moulins IRFSSA Croix-Rouge 20 rue du Vert Galant 04 70 48 20 30 **Pr Sc irfss-auvergne.croix-rouge.fr**
11 Souilhanels CPFP 1165 rte du Pastel 04 68 60 03 61 **Pr Sc www.larouatiere.com**
12 Monteils Lycée agricole F Marty Monteils 05 65 29 63 70 **Pr Sc www.lyceefrancoismarty.org**
13 Aix-en-Provence IRFSS Croix-Rouge 32 cours des Arts et Métiers 04 42 16 05 16 **Pr Sc irfss-pacac.croix-rouge.fr**
13 Marseille ISM Cadenelle 134 bd des Libérateurs 04 91 18 10 50 **Pr Hc www.ismcadenelle.com**
14 Hérouville-Saint-Clair IRTS 11 rue Guyon de Guercheville 02 31 54 42 00 **Pr Sc www.irts-bn.asso.fr**
22 Saint-Brieuc Askoria - les métiers des solidarités 12 rue du Vau Meno 02 96 78 86 20 **Pr Sc www.askoria.eu**
24 Bergerac Centre de formation au travail sanitaire et social Fondation J Bost 28 bd A Claveille 05 53 22 23 00 **Pr Sc www.cef-bergerac.org**
24 Champcevinel Centre de formation et de promotion Jarijoux 05 53 45 40 70 **Pr A www.cfpchampcevinel.fr**
25 Besançon IRTS 1 rue A de Vigny 03 81 41 61 00 **Public www.irts-fc.fr**
29 Brest Institut pour le travail éducatif et social 170 rue J Janssen 02 98 34 60 60 **Pr Sc www.ites-formation.com**
29 Brest Lycée Dupuy de Lôme 34 rue Dupuy de Lôme 02 98 45 03 81 **Public www.lycee-dupuydelome-brest.ac-rennes.fr**
29 Douarnenez LP Ste-Élisabeth 9 rue Lamennais 02 98 92 02 84 **Pr Sc www.elisablaise.fr**
29 Morlaix Askoria - les métiers des solidarités 87 rte de Callac 02 98 63 23 00 **Pr Sc www.askoria.eu**

31 Mane MFREO 35 av de Couserans 05 61 90 50 84 **Pr Sc A www.mfr-mane.fr**
31 Toulouse IRFSS Croix-Rouge 71 chemin des Capelles 05 61 31 56 34 **Pr Sc irfss.croix-rouge.fr**
31 Toulouse Lycée Limayrac 50 rue de Limayrac 05 61 36 08 08 **Pr Sc www.limayrac.fr**
33 Blaye MFR Saint-Martin-Lacaussade 05 57 42 65 15 **Pr Sc A www.mfrblaye.fr**
33 Talence Institut régional du travail social d'Aquitaine 9 av F Rabelais 05 56 84 20 20 **Pr Sc www.irtsaquitaine.fr**
34 Montpellier Centre de formation d'éducateurs 501 rue Métairie de Saysset 04 67 50 46 00 **Pr Sc www.cemealr.org**
35 Fougères Lycée J B Le Taillandier - site St Joseph 42 rte de Saint James 02 99 99 06 47 **Pr Sc www.lycee-jblt.fr**
35 Rennes Askoria - les métiers des solidarités 2 av du Bois Labbé 02 99 59 41 41 **Pr Sc www.askoria.eu**
35 Rennes LP et SGT Coëtlogon 53 rue A Joly 0299546262 ou 65 apprentissage **Public www.lyceecoetlogon.fr**
35 Rennes Lycée Jeanne d'Arc 61 rue la Fontaine 02 99 84 30 30 **Pr Sc www.lja35.fr**
36 Châteauroux Office technique départemental d'insertion 33 rue de la Gare 02 54 53 23 60 **Pr Sc**
37 Chambray-lès-Tours IRFSS Croix-Rouge rue Minkowski 02 47 88 43 43 **Pr reconnu irfss-centre.croix-rouge.fr**
37 Tours Institut du travail social 17 rue Groison 02 47 62 33 33 **Pr Sc www.its-tours.com**
40 Saubrigues LP rural 11 rte Mothes 05 58 77 90 **87 Pr Sc A lyceedesaubrigues.fr**
42 Saint-Jean-Bonnefonds Centre de formation ADYFOR-ADMR 5 rue Jean-Baptiste Bruget 04 77 95 00 07 **Pr Sc www.admr.org**
44 Nantes Centre de formation et de recherche à la relation d'aide et de soins 14 bd W Churchill 02 51 86 24 13 **Pr Sc www.cefras.com**
44 Nantes Institut de formation d'auxiliaires de vie sociale 50 rte de Saint-Sébastien 02 40 84 68 14 **Public www.chu-nantes.fr**
45 Olivet ERTS 2032 rue du Général de Gaulle 02 38 69 17 45 **Pr Sc www.erts-olivet.org**
46 Cahors Lycée des Territoires 422 Lacoste Le Montat 05 65 21 03 67 **Public www.lycee-du-montat.com**
47 Marmande ADES Établissement de formation en travail social allée des tabacs 05 53 79 12 87 **Pr Sc www.adesformations.fr**
47 Villeneuve-sur-Lot Lycée l'Oustal rue P Sabatier 05 53 36 21 36 **Pr Sc A www.lycee-oustal.fr**
48 Marvejols École du travail éducatif et social 17 av T Roussel 04 66 32 27 78 **Pr Sc www.etes.fr**
49 Angers Centre de formation et de recherche à la relation d'aide et de soins 35 rue de la Barre 02 41 20 59 90 **Pr Sc www.cefras.com**
51 Reims UFCV Champagne-Ardenne 21 rue Dieu Lumière 03 26 35 80 60 **Public www.bafa.ufcv.fr**
54 Nancy IRTS 201 av Pinchard 03 83 93 36 00 **Pr Sc A www.irts-lorraine.fr**
56 Josselin LP Ampère rue Guethennoc 02 97 22 26 77 **Public www.lp-ampere-josselin.ac-rennes.fr**
56 Lorient Askoria - les métiers des solidarités 7 rue des Montagnes 02 97 87 65 10 **Pr Sc www.askoria.eu**
59 Grande-Synthe IRTS site Grand Littoral - Grande-Synthe rue Galilée 03 28 24 51 30 **Pr Sc www.irtsnpdc.fr**
59 Lille Association régionale ressources formations dans l'aide aux personnes 105 rue d'Artois 03 20 51 37 11 **Pr Sc www.arrfap.asso.fr**
61 Alençon IRFSS Croix-Rouge 5 rue du Gue de Gesnes 02 33 31 67 12 **Pr Sc irfss-basse-normandie.croix-rouge.fr**
62 Aire-sur-la-Lys AREP 19 rue Saint-Omer 03 21 98 79 20 **Pr Hc home.nordnet.fr**
62 Bully-les-Mines LP L Lagrange rue V Schoelcher 03 21 29 13 26 **Public lycee-leolagrange.fr**
62 Calais Centre de recherches et d'études en formation et organisation 51 rue de Vic 03 21 85 35 72 **Pr Hc www.crefo.fr**
62 Étaples AREP 30 rue des Berceaux 03 21 94 63 63 **Pr Hc home.nordnet.fr**
62 Oignies LP Joliot Curie 9 rue L Lagrange 03 21 08 64 80 **Public www.lyceeoignies.fr**
62 Saint-Omer Centre de recherches et d'études en formation et organisation 8 rue des Bleuets 03 21 39 02 65 **Pr Hc www.crefo.fr**
62 Wimereux Centre de recherches et d'études en formation et organisation 6 rue Jean Marie Bourguignon 03 21 87 47 21 **Pr Hc www.crefo.fr**
63 Clermont-Ferrand ITSRA 62 av M Dormoy 04 73 17 01 00 **Pr Sc www.itsra.net**
64 Etcharry AFMR Château Elgart 05 59 65 72 82 **Pr Sc www.afmr-etcharry.com**
64 Pau Institut du travail social Pierre Bourdieu 8 cours L Bérard 05 59 84 93 93 **Pr Sc www.its-pau.fr**
67 Schiltigheim IFCAAD 12 rue J Monnet 03 88 18 61 31 **Pr Sc S** ou **A www.ifcaad.fr**
69 Lyon École Rockefeller 4 av Rockefeller 04 78 76 52 22 **Pr Sc www.ecole-rockefeller.com**
70 Vesoul Ifsi Croix-Rouge 12 rue Miroudot Saint Ferjeux 03 84 75 80 44 **Pr Sc irfss-franche-comte.croix-rouge.fr**
72 Le Mans Centre de formation et de recherche à la relation d'aide et de soins 11 rue Pied sec 02 43 72 97 22 **Pr Sc www.cefras.com**
73 Chambéry CARREL 725 Faubourg 04 78 72 06 16 **Pr Sc www.carrel.fr**
74 Sallanches MFR Le Belvédère 401 rue de Montagny 04 50 58 08 16 **Pr Sc A mfr-belvedere.fr**
75 Paris IRTS Paris Ile-de-France 145 av Parmentier 01 73 79 51 00 **Pr Sc www.irtsparisidf.asso.fr**
76 Bois-Guillaume IRFSS Croix-Rouge Chemin de la Bretèque 02 35 59 40 28 **Pr Sc irfss-haute-normandie.croix-rouge.fr**
76 Canteleu Institut du développement social Allée de Flore 02 32 83 25 24 **Pr Sc www.ids.fr**
76 Le Havre Institut de Formation d'Éducateurs de Normandie 34 bis rue Amiral Courbet 02 35 42 10 30 ou 02 35 19 96 96 **Pr Sc www.ifen-formation.com**
79 Bouille-Saint-Paul MFR Le Terra rte d'Argenton L'Eglise 05 49 67 02 31 **Pr Sc A www.leterra.mfr.fr**
80 Conty MFR 36 rue du Général Leclerc 03 22 41 23 09 **Pr Sc mfrconty.com**
84 Carpentras Centre de formation Les Chênes 524 av du Pont des Fontaines 04 90 63 98 71 **Pr Sc www.lyceeprofessionnel-leschenes.org**
85 La Roche-sur-Yon Centre de formation et de recherche à la relation d'aide et de soins 59 rue Ampère 02 51 47 71 98 **Pr Sc www.cefras.com**
86 Fleuré Association régionale de formation à l'aide à domicile Hôtel d'entreprises 05 49 30 02 09 **Pr Hc www.arfad.fr**
86 Poitiers IRTS 1 rue G Gnemer 05 49 37 60 00 **Pr Sc www.irts-poitou-charentes.org**

Ifsi : institut de formation en soins infirmiers
IRTS : institut régional du travail social
LP : lycée professionnel
Pr Hc : privé hors contrat
Pr Sc : privé sous contrat
A : statut de l'élève « apprenti »
S : statut de l'élève « scolaire »

Diplôme d'État d'auxiliaire de vie sociale (suite)

87 Limoges Institut d'économie sociale familiale 5 rue de la Cité 05 55 34 41 25 **Pr Sc** **www.iesf-limoges.fr**
88 Gugnécourt Maison Familiale Rurale 265 Grand rue 03 29 65 72 43 **Pr Sc A** **www.cfr-gugnecourt.com**
90 Belfort Ifsi - IFAS 11 rue J Rostand 03 84 98 55 00 **Public** **www.chbm.fr**
91 Évry IRFASE 5 Terrasses de l'Agora 01 60 79 47 47 **Pr Sc** **www.irfase.com**
93 Aubervilliers CFLC 44/51/53 rue de la commune de Paris 01 48 11 49 30 **Pr Sc** **www.couve.fr**
94 Nogent-sur-Marne École INFA 5 - 9 rue Anquetil 01 45 14 64 00 **Pr Hc A** **www.infa-formation.com**
95 Cergy EPSS 32 bd du Port 01 30 75 62 96 **Pr Sc S** ou **A** **www.epss-edu.com**
972 Fort-de-France Centre de formation de la Croix-Rouge 45 rue de la Clairière 05 96 72 70 79 **Pr Sc** **martinique.croix-rouge.fr**
972 Saint-Joseph IFMES Quartier Rivière l'Or 05 96 42 56 56 **Pr Sc** **www.urass-ifmes.com**
973 Cayenne IRDTS Chemin rural du Centre Médico-sportif 05 94 25 34 88 **Pr Sc S** ou **A** **www.guyane.drjscs.gouv.fr**
974 Saint-Benoît IRTS 1 rue S Brunet 02 62 92 97 77 **Pr reconnu** **www.irtsreunion.fr**
988 Nouméa Institut de formation des professions sanitaires et sociales 12 rue J Bernard 00 687 24 39 90 **Pr Sc** **www.ac-noumea.nc/cio/IMG/pdf/devenir_infirmier.pdf**

CONSEILLER EN ÉCONOMIE SOCIALE ET FAMILIALE

06 Nice Lycée général et technologique Sasserno 1 pl. Sasserno 04 93 80 03 61 **Pr Sc** **www.sasserno-nice.com**
06 Nice Lycée Honoré d'Estienne d'Orves 13 av Honoré d'E d'Orves 04 93 97 12 00 **Public** **estiennedorves.net**
07 Annonay Lycée St-Denis 1 chemin de la Muette 04 75 69 28 00 **Pr Sc** **www.lyceesaintdenis.com**
13 Marseille ISM Cadenelle 134 bd des Libérateurs 04 91 18 10 50 **Pr Hc S** ou **A** **www.ismcadenelle.com**
13 Marseille Lycée La Cadenelle 134 bd des Libérateurs 04 91 18 10 50 **Pr Sc** **ismcadenelle.com**
13 Marseille Lycée M Curie 16 bd J d'Arc 04 91 36 52 10 **Public** **www.lyc-curie.ac-aix-marseille.fr**
13 Marseille Lycée Pastré 20 av Grande Bastide 04 96 19 06 06 **Pr Sc** **www.pastre-grde-bastide.com**
14 Hérouville-Saint-Clair IRTS 11 rue Guyon de Guercheville 02 31 54 42 00 **Pr Sc** **www.irts-bn.asso.fr**
16 Cherves-Richemont MFR Richemont 05 45 83 16 49 **Pr Sc A** **www.institut-richemont.fr**
18 Bourges Lycée J Coeur 108 rue J Baffier 02 48 67 83 00 **Public** **lyc-jcoeur.ac-orleans-tours.fr**
21 Dijon Lycée les Arcades 13 rue du vieux collège 03 80 68 48 28 **Pr Sc** **www.lyceelesarcades.com**
21 Dijon Lycée Simone Weil 1 rue Pelletier-de-Chambure 03 80 63 04 80 **Public** **www.lycee-simoneweil-dijon.fr**
21 Fauverney MFR de Fauverney rte de Magny 03 80 79 10 70 **Pr Sc A** **www.mfr-fauverney.com**
22 Paimpol Lycée Kerraoul av Gabriel le Bras 02 96 55 34 30 **Public** **www.lyceekerraoul-paimpol.ac-rennes.fr**
24 Champcevinel Centre de formation et de promotion Jarijoux 05 53 45 40 70 **Pr** **www.cfpchampcevinel.fr**
25 Besançon IRTS 1 rue A de Vigny 03 81 41 61 00 **Public A** **www.irts-fc.fr**
28 Chartres Lycée J de Beauce 20 rue du Commandant Chesne 02 37 18 78 00 **Public** **lyc-jehan-de-beauce-chartres.tice.ac-orleans-tours.fr/eva/**
29 Brest Idpces 2 rue Auguste Kervern 02 98 44 27 62 **Pr Hc** **www.idpces-brest.com**
29 Quimper Lycée Chaptal 35 chemin des Justices 02 98 55 47 46 **Public** **www.lycee-chaptal.fr**
30 Milhaud Lycée G. De Gaulle Anthonioz 43 rue du Moulin 04 66 74 62 10 **Public** **www.lycee-milhaud.fr**
31 Blagnac Institut supérieur de formation professionnelle 58 et 265 rte de Grenade 05 61 71 60 43 **Pr Hc** **www.isfp.net**
31 Muret École privée La Pradette 12 chemin de la Pradette 05 61 51 14 09 **Pr Hc** **www.la-pradette.com**
31 Toulouse Lycée Limayrac 50 rue de Limayrac 05 61 36 08 08 **Pr Sc** **www.limayrac.fr**
33 Bègles Lycée Václav Havel 5 av Danielle Mitterrand 05 57 30 49 00 **Public** **webetab.ac-bordeaux.fr/lycee-vaclavhavel-begles**
33 Bordeaux Lycée Bel-Orme 67 rue de Bel Orme 05 56 00 87 97 **Pr Sc** **www.belorme.com**
33 Talence Institut régional du travail social d'Aquitaine 9 av F Rabelais 05 56 84 20 20 **Pr Sc** **www.irtsaquitaine.fr**
34 Montpellier IRTS 1011 rue du Pont Laverune 04 67 07 02 30 **Pr Sc** **www.irts-lr.fr**
34 Saint-Clément Lycée J Jaurès 480 av St Sauveur du Pin 04 67 63 61 50 **Public** **www.lyc-jaures-stclementderiviere.ac-montpellier.fr**
35 Rennes Askoria - les métiers des solidarités 2 av du Bois Labbé 02 99 59 41 41 **Pr Sc** **www.askoria.eu**
35 Rennes Lycée Jeanne d'Arc 61 rue la Fontaine 02 99 84 30 30 **Pr Sc** **www.lja35.fr**
37 Chambray-lès-Tours IRFSS Croix-Rouge rue Minkowski 02 47 88 43 43 **Pr reconnu S** ou **A** **irfss-centre.croix-rouge.fr**
37 Tours Institut du travail social 17 rue Groison 02 47 62 33 33 **Pr Sc** **www.its-tours.com**
38 Grenoble IFIP Conseil 20 rue Docteur Bordier 04 76 17 18 00 **Pr Hc** **www.ifip-conseil.fr**
38 Grenoble LT Iser-Bordier 26 rue P Mérimée 04 76 22 05 97 **Pr Sc** **www.lycee-iserbordier.fr**
38 Grenoble Lycée L Michel 30 rue L Michel 04 38 12 36 00 **Public** **www.ac-grenoble.fr/lycee/louise.michel**
39 Poligny Lycée H Friant 3 rue H Friant 03 84 37 21 34 **Public** **www.lycee-friant.com/site/spip/**
41 Blois Lycée la Providence 23 rue des Saintes-Maries 02 54 56 43 10 **Pr Sc** **www.lapro.org**
42 Saint-Étienne Lycée H d'Urfé 1 impasse le Chatelier 04 77 57 38 58 **Public** **www.honoredurfe.eu**
42 Saint-Étienne Lycée St-Michel 4 rue J Vallès 04 77 49 44 60 **Pr Sc** **www.saint-michel-enseignement.fr**
44 Nantes Groupe Talensac Jeanne Bernard 18 rue Talensac 02 51 72 95 10 **Pr Sc** **www.talensac.com**
48 Mende Lycée Notre-Dame Quartier Fontanilles 04 66 49 14 57 **Pr Sc** **www.notredamemende.fr**
49 Angers Cnam-Iforis 4 rue G Morel 02 41 22 17 30 **Pr Hc** **www.cnam-paysdelaloire.fr**
51 Reims Lycée Libergier 55 rue Libergier 03 26 77 61 61 **Public** **www.libergier.net**
53 Laval Lycée Réaumur 39 av Chanzy 02 43 67 24 00 **Public** **www.lycees-reaumur-buron.fr**
54 Nancy IRTS 201 av Pinchard 03 83 93 36 00 **Pr Sc** **www.irts-lorraine.fr**

54 Tomblaine Lycée A Varoquaux 10 rue J Moulin 03 83 29 28 35 **Public** **www.lycee-varoquaux.fr**
55 Verdun Lycée Ste-Anne 14 rue Mautroté 03 29 83 36 50 **Pr Sc** **sainte-anne.eu/sainteanne**
56 Lorient Askoria - les métiers des solidarités 7 rue des Montagnes 02 97 87 65 10 **Pr Sc** **www.askoria.eu**
56 Vannes Lycée Notre-Dame le Menimur 71 rue de Metz 02 97 54 03 31 **Pr Sc** **www.college-lycee-nd-menimur.com**
57 Le Ban-Saint-Martin IRTS 41 av de la Liberté 03 87 31 68 00 **Pr Sc S** ou **A** **www.irts-lorraine.fr**
59 Denain Lycée J Mousseron bd du 8 Mai 1945 03 27 44 16 52 **Public** **mousseron-jurenil-denain.savoirs numeriques5962.fr**
59 Loos Lycée St-Vincent de Paul 6 rue du Maréchal Joffre 03 20 07 04 32 **Pr Sc** **www.lyceestvincentdepaul-loos.fr**
59 Tourcoing Lycée Sévigné 151 rue de la Malcense 03 20 25 31 43 **Public** **sevigne-tg.etab.ac-lille.fr/**
62 Arras IRTS - Institut régional de travail social - Site Artois 5 rue Maurice Schumann 03 21 24 09 09 **Pr Sc** **www.irtsnpdc.fr**
62 Berck Lycée J Lavezzari 15 av du Phare 03 21 09 20 18 **Public** **www2c.ac-lille.fr/jlavezzari**
63 Clermont-Ferrand Lycée S Apollinaire 20 rue J Richepin 04 73 41 20 20 **Public** **lyc-apollinaire.entauvergne.fr/Portail/**
64 Anglet Lycée Ste-Anne 163 av de Montbrun 05 59 63 83 93 **Pr Sc** **www.stanne64.fr**
64 Pau Institut du travail social Pierre Bourdieu 8 cours L Bérard 05 59 84 93 93 **Pr Sc** **www.its-pau.fr**
65 Tarbes Lycée M Curie 2 rue G Ledormeur 05 62 44 56 56 **Public** **marie-curie.entmip.fr**
66 Perpignan Lycée J Lurçat 25 av A Camus 04 68 50 28 91 **Public** **www.lyc-lurcat-perpignan.ac-montpellier.fr**
67 Schiltigheim IFCAAD 12 rue J Monnet 03 88 18 61 31 **Pr Sc S** ou **A** **www.ifcaad.fr**
67 Strasbourg Horizon 24a rue des Magasins 03 88 23 77 99 **Pr Hc** **www.horizon-strasbourg.com**
67 Strasbourg Lycée J Rostand 5 rue E Labbé 03 88 14 43 50 **Public** **www.lycee-jean-rostand.fr**
68 Colmar Lycée St-André 19 rue Rapp 03 89 21 75 21 **Pr Sc** **www.st-andre.com**
69 Lyon Carrel École privée des métiers du social et de la santé 119 rue Boileau 04 72 71 56 46 **Pr Sc** **www.carrel.fr**
69 Lyon Lycée La Martinière Duchère 300 av A Sakharov 04 72 17 29 50 **Public** **www.martiniere-duchere.fr**
75 Paris CFA ADAPSS sanitaire, social et médico-social 127 av d'Italie 01 42 02 10 74 **Pr A** **www.adapss.fr**
75 Paris École de travail social du lycée F Rabelais 9 rue F de Croisset 01 53 09 13 21 **Public** **www.lycee-rabelais-paris.fr**
75 Paris Institut supérieur privé Clorivière 119 bd Diderot 01 47 83 42 49 **Pr Sc** **www.cloriviere.org**
75 Paris IRTS Paris Ile-de-France 145 av Parmentier 01 73 79 51 00 **Pr Sc S** ou **A** **www.irtsparisidf.asso.fr**
75 Paris Lycée la Plaine Monceau 9 bd de Courcelles 01 43 87 54 05 **Pr Sc S** ou **A** **www.plaine-monceau.fr**
76 Rouen Lycée G Flaubert 1 rue A Dupuis 02 35 12 88 88 **Public** **lycees.ac-rouen.fr/flaubert**
76 Sainte-Adresse Lycée Jeanne d'Arc - site principal Jeanne d'Arc 22 rue Général de Gaulle 02 35 54 65 50 **Pr Sc** **www.lyceejdarc.org**
77 Avon Lycée Uruguay France 1 av des Marronniers 01 60 74 50 60 **Public** **www.lyceeuruguayfrance.ac-creteil.fr**
80 Amiens Lycée E Gand 70 bd de Saint Quentin 03 22 53 41 22 **Public** **edgand.lyc.ac-amiens.fr/**
81 Brens CFA régional des MFR 14/16 pl. du Lavoir 05 63 57 55 09 **Pr A** **www.mfr-midipyrenees.fr**
84 Avignon Sud Formation santé Allée des Fenaisons 04 90 13 86 55 **Consulaire** **www.sudformationsante.fr**
85 Luçon Lycée Atlantique 5 rue J Jaurès 02 51 29 11 44 **Public** **atlantique.paysdelaloire.e-lyco.fr**
86 Futuroscope CNED bd L de Vinci 05 49 49 94 94 **Public** **www.cned.fr**
86 Poitiers IRTS 1 rue G Gnemer 05 49 37 60 00 **Pr Sc A** **www.irts-poitou-charentes.org/**
86 Poitiers Lycée A d'Aquitaine 41 rue P de Coubertin 05 49 44 81 00 **Public** **www.lycee-alienor.fr**
87 Limoges Institut d'économie sociale familiale 5 rue de la Cité 05 55 34 41 25 **Pr Sc** **www.iesf-limoges.fr**
87 Limoges Lycée S Valadon 39 rue F Perrin 05 55 45 56 00 **Public** **www.lycee-valadon-limoges.fr/**
92 Nanterre Lycée F et I Joliot Curie 92 av Joliot-Curie 01 47 21 20 19 **Public** **www.lyc-curie-nanterre.ac-versailles.fr**
93 Neuilly-sur-Marne Fondation ITSRS 150 av P Vaillant-Couturier 01 49 44 67 10 **Public** **www.fondation-itsrs.org**
93 Saint-Ouen Lycée M Cachin 11-13 rue M Cachin 01 49 18 97 50 **Public** **www.lyceemarcelcachin.ac-creteil.fr**
94 Cachan Lycée M Sorre 61 av du Président Wilson 01 47 40 49 60 **Public** **www.lms.ens-cachan.fr**
95 Pontoise Lycée C Pissarro 1 rue H Matisse 01 34 41 54 54 **Public** **www.lyc-pissarro-pontoise.ac-versailles.fr**
973 Cayenne IRDTS Chemin rural du Centre Médico-sportif 05 94 25 34 88 **Pr Sc** **www.guyane.drjscs.gouv.fr**
974 Saint-Benoît IRTS 1 rue S Brunet 02 62 92 97 77 **Pr reconnu** **www.irtsreunion.fr**

MÉDIATEUR FAMILIAL

33 Bordeaux IUT Bordeaux Montesquieu 35 av Abadie 05 56 00 95 56 **Public** **iut-montesquieu.u-bordeaux.fr**
35 Bruz Askoria - les métiers des solidarités rue P de Maupertuis 02 99 05 06 10 **Pr Sc** **www.askoria.eu**
37 Chambray-lès-Tours IRFSS Croix-Rouge rue Minkowski 02 47 88 43 43 **Pr reconnu** **irfss-centre.croix-rouge.fr**
67 Strasbourg EDIAC Formation 7 rue de Soultz 03 88 14 42 90 **Pr Sc** **www.ediacformation.com**
76 Le Havre Institut de Formation d'Éducateurs de Normandie 34 bis rue Amiral Courbet 02 35 42 10 30 ou 02 35 19 96 96 **Pr Sc** **www.ifen-formation.com**
86 Poitiers IRTS 1 rue G Gnemer 05 49 37 60 00 **Pr Sc** **www.irts-poitou-charentes.org/**
87 Limoges École de service social de la Croix-Rouge 25 rue Sismondi 05 87 75 32 00 **Pr Sc** **irfss-limousin.croix-rouge.fr**
87 Limoges Institut d'économie sociale familiale 5 rue de la Cité 05 55 34 41 25 **Pr Sc** **www.iesf-limoges.fr**

Ifsi : institut de formation en soins infirmiers
IRTS : institut régional du travail social
LP : lycée professionnel
Pr Hc : privé hors contrat
Pr Sc : privé sous contrat
A : statut de l'élève « apprenti »
S : statut de l'élève « scolaire »

Diplôme d'État de médiateur familial (suite)

972 Saint-Joseph IFMES Quartier Rivière l'Or 05 96 42 56 56 **Pr Sc** **www.urass-ifmes.com**
973 Cayenne IRDTS Chemin rural du Centre Médico-sportif 05 94 25 34 88 **Pr Sc** **www.guyane.drjscs.gouv.fr**

MONITEUR-ÉDUCATEUR

01 Bourg-en-Bresse ADEA 12 rue du Peloux 04 74 32 77 32 **Pr Sc S** ou **A** **www.adea-formation.com**
06 Nice IESTS 6 rue Chanoine Rance Bourrey 04 92 07 77 97 **Pr Sc S** ou **A** **www.iests.com**
07 Privas LP Notre-Dame 26 av du Vanel 04 75 64 76 26 **Pr Sc** **www.sacrecoeur-notredame.com**
11 Souilhanels CPFP 1165 rte du Pastel 04 68 60 03 61 **Pr Sc S** ou **A** **www.larouatiere.com**
13 Marseille Institut méditerranéen de formation et recherche en travail social 50 rue du village 04 91 24 61 10 **Pr Sc S** ou **A** **www.imf.asso.fr**
14 Hérouville-Saint-Clair IRTS 11 rue Guyon de Guercheville 02 31 54 42 00 **Pr Sc S** ou **A** **www.irts-bn.asso.fr**
20A Ajaccio CFA académique de Corse 40 av Noël Franchini 04 95 71 30 16 **Public A**
21 Dijon IRTESS 2 rue du Professeur Marion 03 80 72 64 50 **Pr Sc S** ou **A** **www.irtess.fr**
22 Paimpol Lycée Kerraoul av Gabriel le Bras 02 96 55 34 30 **Public** **www.lyceekerraoul-paimpol.ac-rennes.fr**
22 Rostrenen Lycée Notre-Dame de Campostal pl. du Bourg Coz 02 96 29 00 34 **Pr Sc** **www.lycee-campostal-gouarec.com**
22 Saint-Brieuc Askoria - les métiers des solidarités 12 rue du Vau Meno 02 96 78 86 20 **Pr Sc S** ou **A** **www.askoria.eu**
24 Bergerac Centre de formation au travail sanitaire et social Fondation J Bost 28 bd A Claveille 05 53 22 23 00 **Pr Sc S** ou **A** **www.cef-bergerac.org**
25 Besançon IRTS 1 rue A de Vigny 03 81 41 61 00 **Public S** ou **A** **www.irts-fc.fr**
26 Valence Association régionale pour la formation, la recherche et l'innovation 09 50 94 48 45 **Pr Sc** **www.arfrips.fr**
29 Brest Institut pour le travail éducatif et social 170 rue J Janssen 02 98 34 60 60 **Pr Sc** **www.ites-formation.com**
30 Nîmes Institut de formation de moniteurs éducateurs 2117 chemin du Bachas 04 66 68 99 60 **Pr Sc S** ou **A** **www.ifme.fr**
31 Labège Centre régional de formation aux métiers du social ERASME bât. California Hall C - 1244 L'Occitane 05 61 19 27 60 **Pr Sc** **www.erasme.fr**
31 Toulouse IFRASS 2 bis rue E Pelletier 05 34 63 89 00 **Pr Sc** **www.ifrass.net**
33 Talence Institut régional du travail social d'Aquitaine 9 av F Rabelais 05 56 84 20 20 **Pr Sc S** ou **A** **www.irtsaquitaine.fr**
34 Montpellier Centre de formation d'éducateurs 501 rue Métairie de Saysset 04 67 50 46 00 **Pr Sc** **www.cemealr.org**
35 Bruz Askoria - les métiers des solidarités rue P de Maupertuis 02 99 05 06 10 **Pr Sc** **www.askoria.eu**
37 Tours Institut du travail social 17 rue Groison 02 47 62 33 33 **Pr Sc S** ou **A** **www.its-tours.com**
38 Échirolles IFTS 3 av V Hugo 04 76 09 02 08 **Pr Sc** **www.ifts-asso.com**
42 Firminy IREIS 42 rue de La Tour de Varan 04 77 10 13 70 **Pr Sc A** **www.ireis.org**
42 Saint-Chamond LP St-Ennemond pl. de l'Égalité 04 77 22 08 14 **Pr Sc** **www.saintennemond.eu**
44 Rezé ARIFTS-PONANTS 10 rue Marion Cahour 02 40 75 69 94 **Pr Sc** **www.arifts.fr**
45 Olivet ERTS 2032 rue du Général de Gaulle 02 38 69 17 45 **Pr Sc S** ou **A** **www.erts-olivet.org**
47 Marmande ADES Établissement de formation en travail social allée des tabacs 05 53 79 12 87 **Pr Sc S** ou **A** **www.adesformations.fr**
48 Marvejols École du travail éducatif et social 17 av T Roussel 04 66 32 27 78 **Pr Sc S** ou **A** **www.etes.fr**
49 Angers ARIFTS-SAFRANTS 10 rue Darwin 02 41 22 14 70 **Pr Sc S** ou **A** **www.arifts.fr**
51 Reims IRTS 8 rue Joliot Curie 03 26 06 54 84 **Pr Sc** **www.irts-ca.fr**
54 Nancy IRTS 201 av Pinchard 03 83 93 36 00 **Pr Sc S** ou **A** **www.irts-lorraine.fr**
56 Josselin LP Ampère rue Guethennoc 02 97 22 26 77 **Public** **www.lp-ampere-josselin.ac-rennes.fr**
57 Le Ban-Saint-Martin IRTS 41 av de la Liberté 03 87 31 68 00 **Pr Sc** **www.irts-lorraine.fr**
59 Grande-Synthe IRTS site Grand Littoral - Grande-Synthe rue Galilée 03 28 24 51 30 **Pr Sc S** ou **A** **www.irtsnpdc.fr**
59 Lille ESTS - École européenne supérieure en travail social 22 rue Halévy 03 20 93 70 16 **Pr Sc** **www.eests.org**
59 Loos IRTS rue A Paré 03 20 62 53 85 **Pr Sc A** **www.irtsnpdc.fr**
59 Maubeuge École européenne supérieure en travail social 2 rue du Gazomètre 03 27 62 87 22 **Pr Sc** **www.eests.org**
59 Valenciennes IRTS de Valenciennes 35 rue Ernest Macarez 03 27 42 40 97 **Pr Sc A** **www.irtsnpdc.fr**
62 Arras Centre de formation AFERTES 5 rue Frédéric Degeorge 03 21 60 40 00 **Pr Sc** **www.afertes.org**
62 Arras IRTS - Site Artois 5 rue Maurice Schumann 03 21 24 09 09 **Pr Sc A** **www.irtsnpdc.fr**
62 Avion ESTS - École européenne supérieure en travail social rue des montagnards 03 21 49 23 71 **Pr reconnu** **www.eests.org**
62 Étaples IRTS bd Lefevre 03 21 89 97 00 **Pr Sc A** **www.irtsnpdc.fr**
62 Saint-Omer École européenne supérieure en travail social 42 rue Carnot 03 21 12 20 20 **Pr Sc** **www.eests.org**
63 Clermont-Ferrand ITSRA 62 av M Dormoy 04 73 17 01 00 **Pr Sc S** ou **A** **www.itsra.net**
64 Etcharry AFMR Château Elgart 05 59 65 72 82 **Pr Sc S** ou **A** **www.afmr-etcharry.com**
64 Pau Institut du travail social Pierre Bourdieu 8 cours L Bérard 05 59 84 93 93 **Pr Sc S** ou **A** **www.its-pau.fr**
67 Schiltigheim IFCAAD 12 rue J Monnet 03 88 18 61 31 **Pr Sc S** ou **A** **www.ifcaad.fr**
68 Illzach IFCAAD - Antenne d'Illzach 2b rue des Alouettes 03 89 52 25 26 **Pr Sc S** ou **A** **www.ifcaad.fr**
69 Écully Institut St-Laurent 41 rue du Chancelier 04 78 33 46 20 **Pr Sc** **www.institutsaintlaurent.com**
69 Lyon ARFRIPS 10 impasse P Baizet 04 78 69 90 90 **Pr Sc S** ou **A** **www.arfrips.fr**
73 La Ravoire IREIS 145 rue de la Chavanne 04 79 72 95 70 **Pr Sc** **www.ireis.org**
74 Annecy IREIS 1 bis bd du Fier 04 50 46 57 01 **Pr Sc** **www.ireis.org**
75 Paris CFA ADAPSS sanitaire, social et médico-social 127 av d'Italie 01 42 02 10 74 **Pr A** **www.adapss.fr**
75 Paris IRTS Paris Ile-de-France 145 av Parmentier 01 73 79 51 00 **Pr Sc** **www.irtsparisidf.asso.fr**
75 Paris SEP du Lycée d'Alembert 22 sente des Dorées 01 42 08 04 10 **Public** **lyc-dalembert.ac-paris.fr**
76 Canteleu Institut du développement social Allée de Flore 02 32 83 25 24 **Pr Sc S** ou **A** **www.ids.fr**
77 Torcy SEP du lycée l'Arche Guédon 2 passage de l'Arche Guédon 01 64 80 17 18 **Public** **ww3.ac-creteil.fr/Colleges/77/archeguedontorcy**

78 Buc Buc ressources 1 bis rue L Massotte 01 39 20 19 94 **Pr Sc** **www.buc-ressources.org**
80 Amiens IRFFE 12 rue des Deux Ponts 03 22 66 33 99 **Pr reconnu S** ou **A** **www.irffe.fr**
83 Ollioules IRFSS - IFTS Croix-Rouge française - Site d'Ollioules 04 94 93 66 00 **Pr Sc S** ou **A** **irfss-pacac.croix-rouge.fr**
84 Avignon Institut méditerranéen de formation et recherche en travail social 641 Chemin de la Verdière 04 32 40 41 80 **Pr Sc S** ou **A** **www.imf.asso.fr**
86 Poitiers IRTS 1 rue G Gnemer 05 49 37 60 00 **Pr Sc S** ou **A** **www.irts-poitou-charentes.org/**
87 Isle Institut régional de formation d'éducateurs 2 rue du Buisson 05 55 01 40 52 **Pr Sc S** ou **A** **www.irfe87.com**
91 Évry IRFASE 5 Terrasses de l'Agora 01 60 79 47 47 **Pr Sc A** **www.irfase.com**
93 Aubervilliers CFPES-CEMEA Ile-de-France 65 rue des Cités 01 48 11 27 90 **Pr Sc** **www.cfpes.com**
93 Drancy LP E Delacroix 4 rue du Docteur Schweitzer 01 41 60 83 15 **Public** **www.lycee-delacroix-drancy.fr**
93 Neuilly-sur-Marne Fondation ITSRS 150 av P Vaillant-Couturier 01 49 44 67 10 **Public** **www.fondation-itsrs.org**
94 Le Kremlin-Bicêtre SEP du lycée Pierre Brossolette 5 rue P Brossolette 01 46 58 36 76 **Public** **www.lpo-brossolette.ac-creteil.fr**
94 Nogent-sur-Marne École INFA 5 - 9 rue Anquetil 01 45 14 64 00 **Pr Hc** **www.infa-formation.com**
95 Cergy EPSS 32 bd du Port 01 30 75 62 96 **Pr Sc S** ou **A** **www.epss-edu.com**
971 Les Abymes CFTS de la Guadeloupe rte de la Rocade 05 90 83 79 25 **Pr Sc** **www.cfts-formation.fr**
972 Saint-Joseph IFMES Quartier Rivière l'Or 05 96 42 56 56 **Pr Sc** **www.urass-ifmes.com**
973 Cayenne IRDTS Chemin rural du Centre Médico-sportif 05 94 25 34 88 **Pr Sc S** ou **A** **www.guyane.drjscs.gouv.fr**
974 Saint-Benoît IRTS 1 rue S Brunet 02 62 92 97 77 **Pr reconnu** **www.irtsreunion.fr/**
974 Saint-Pierre EMAP Chemin Vélia - Bois d'olives 02 62 96 95 30 **Pr Sc** **www.emap.re**
987 Papeete Service des affaires sociales Immeuble Te Hotu, av du Prince Hinoi 689 46 58 26/46 58 79 **Public**
988 Nouméa Institut de formation des professions sanitaires et sociales 12 rue J Bernard 00 687 24 39 90 **Pr Sc** **www.ac-noumea.nc**

TECHNICIEN DE L'INTERVENTION SOCIALE ET FAMILIALE

03 Moulins IRFSSA Croix-Rouge 20 rue du Vert Galant 04 70 48 20 30 **Pr Sc** **irfss-auvergne.croix-rouge.fr**
06 Nice IESTS 6 rue Chanoine Rance Bourrey 04 92 07 77 97 **Pr Sc** **www.iests.com**
11 Souilhanels CPFP 1165 rte du Pastel 04 68 60 03 61 **Pr Sc** **www.larouatiere.com**
13 Marseille ISM Cadenelle 134 bd des Libérateurs 04 91 18 10 50 **Pr Hc** **www.ismcadenelle.com**
14 Hérouville-Saint-Clair IRTS 11 rue Guyon de Guercheville 02 31 54 42 00 **Pr Sc** **www.irts-bn.asso.fr**
21 Dijon IRTESS 2 rue du Professeur Marion 03 80 72 64 50 **Pr Sc A** **www.irtess.fr**
22 Saint-Brieuc LP J Moulin avec section d'enseignement agricole 3 rue du Vau Gicquel 02 96 75 12 30 **Public** **www.lyceejeanmoulin.fr**
25 Besançon IRTS 1 rue A de Vigny 03 81 41 61 00 **Public** **www.irts-fc.fr**
26 Valence Carrel - École de travail social 42 av des Langories 04 78 72 06 16 **Pr Sc** **www.carrel.fr**
29 Brest Lycée Estran Fénelon 105 chemin de Ker Stears 02 98 44 17 08 **Pr Sc** **www.estran-brest.com**
31 Toulouse IRFSS Croix-Rouge 71 chemin des Capelles 05 61 31 56 34 **Pr Sc** **irfss.croix-rouge.fr**
31 Toulouse Lycée Limayrac 50 rue de Limayrac 05 61 36 08 08 **Pr Sc** **www.limayrac.fr**
33 Talence Institut régional du travail social d'Aquitaine 9 av F Rabelais 05 56 84 20 20 **Pr Sc** **www.irtsaquitaine.fr**
34 Montpellier IRTS 1011 rue du Pont Laverune 04 67 07 02 30 **Pr Sc S** ou **A** **www.irts-lr.fr**
37 Chambray-lès-Tours IRFSS Croix-Rouge rue Minkowski 02 47 88 43 43 **Pr reconnu S** ou **A** **irfss-centre.croix-rouge.fr**
42 Saint-Jean-Bonnefonds Centre de formation ADYFOR-ADMR 5 rue Jean-Baptiste Bruget 04 77 95 00 07 **Pr Sc** **www.admr.org/espace-rh**
49 Angers Centre de formation et de recherche à la relation d'aide et de soins Allée phytolia 02 41 20 59 90 **Pr Sc** **www.cefras.com**
51 Reims IRTS 8 rue Joliot Curie 03 26 06 54 84 **Pr Sc** **www.irts-ca.fr**
56 Lorient Askoria - les métiers des solidarités 7 rue des Montagnes 02 97 87 65 10 **Pr Sc** **www.askoria.eu**
57 Le Ban-Saint-Martin IRTS 41 av de la Liberté 03 87 31 68 00 **Pr Sc** **www.irts-lorraine.fr**
59 Dunkerque Association régionale ressources formations dans l'aide aux personnes 1 rue de la Tranquillité 03 28 65 54 08 **Pr Hc**
59 Lille Association régionale ressources formations dans l'aide aux personnes 105 rue d'Artois 03 20 51 37 11 **Pr Sc** **www.arrfap.asso.fr**
59 Maubeuge ARRFAP Maubeuge 6 rue d'Artois 03 27 64 89 54 **Pr Hc** **www.arrfap.asso.fr**
61 Alençon IRFSS Croix-Rouge 5 rue du Gue de Gesnes 02 33 31 67 12 **Pr Sc** **irfss-basse-normandie.croix-rouge.fr**
63 Clermont-Ferrand ITSRA 62 av M Dormoy 04 73 17 01 00 **Pr Sc** **www.itsra.net**
64 Pau Institut du travail social Pierre Bourdieu 8 cours L Bérard 05 59 84 93 93 **Pr Sc** **www.its-pau.fr**
67 Schiltigheim IFCAAD 12 rue J Monnet 03 88 18 61 31 **Pr Sc S** ou **A** **www.ifcaad.fr**
68 Illzach IFCAAD - Antenne d'Illzach 2 b rue des Alouettes 03 89 52 25 26 **Pr Sc S** ou **A** **www.ifcaad.fr**
69 Lyon École Rockefeller 4 av Rockefeller 04 78 76 52 22 **Pr Sc** **www.ecole-rockefeller.com**
73 Chambéry CARREL 725 Faubourg 04 78 72 06 16 **Pr Sc** **www.carrel.fr**
75 Paris CFA ADAPSS sanitaire, social et médico-social 127 av d'Italie 01 42 02 10 74 **Pr A** **www.adapss.fr**
75 Paris IRTS Paris Ile-de-France 145 av Parmentier 01 73 79 51 00 **Pr Sc S** ou **A** **www.irtsparisidf.asso.fr**
76 Canteleu Institut du développement social Allée de Flore 02 32 83 25 24 **Pr Sc** **www.ids.fr**
80 Amiens IRFFE 12 rue des Deux Ponts 03 22 66 33 99 **Pr reconnu** **www.irffe.fr**
86 Poitiers IRTS 1 rue G Gnemer 05 49 37 60 00 **Pr Sc** **www.irts-poitou-charentes.org**

IRTS : institut régional du travail social
LP : lycée professionnel
Pr Hc : privé hors contrat
Pr Sc : privé sous contrat
A : statut de l'élève « apprenti »
S : statut de l'élève « scolaire »

Diplôme d'État de technicien de l'intervention sociale et familiale (suite)

87 Limoges Institut d'économie sociale familiale 5 rue de la Cité 05 55 34 41 25 **Pr Sc** **www.iesf-limoges.fr**
95 Cergy EPSS 32 bd du Port 01 30 75 62 96 **Pr Sc S** ou **A** **www.epss-edu.com**
972 Saint-Joseph IFMES Quartier Rivière l'Or 05 96 42 56 56 **Pr Sc** **www.urass-ifmes.com**
973 Cayenne IRDTS Chemin rural du Centre Médico-sportif 05 94 25 34 88 **Pr Sc** **www.guyane.drjscs.gouv.fr**

ÉDUCATEUR DE JEUNES ENFANTS

01 Bourg-en-Bresse IREIS 48 rue du Peloux 04 37 62 14 90 **Pr Sc S** ou **A** **www.ireis.org**
06 Nice IESTS 6 rue Chanoine Rance Bourrey 04 92 07 77 97 **Pr Sc S** ou **A** **www.iests.com**
13 Marseille IRTS 20 bd des Salyens 04 91 76 99 00 **Pr reconnu S** ou **A** **www.irts-pacacorse.com**
21 Dijon IRTESS 2 rue du Professeur Marion 03 80 72 64 50 **Pr Sc S** ou **A** **www.irtess.fr**
22 Saint-Brieuc Askoria - les métiers des solidarités 12 rue du Vau Meno 02 96 78 86 20 **Pr Sc** **www.askoria.eu**
25 Besançon IRTS 1 rue A de Vigny 03 81 41 61 00 **Public** **www.irts-fc.fr**
26 Valence ESSSE 103 av M Faure 04 75 86 30 55 **Pr Sc** **www.essse.fr**
31 Toulouse IFRASS 2bis rue E Pelletier 05 34 63 89 00 **Pr Sc** **www.ifrass.net**
31 Toulouse Institut St-Simon av du Général de Croutte 05 61 19 09 49 **Pr Sc** **institutsaintsimon.com**
33 Talence Institut régional du travail social d'Aquitaine 9 av F Rabelais 05 56 84 20 20 **Pr Sc S** ou **A** **www.irtsaquitaine.fr**
34 Montpellier IRTS 1011 rue du Pont Laverune 04 67 07 02 30 **Pr Sc S** ou **A** **www.irts-lr.fr**
35 Bruz Askoria - les métiers des solidarités rue P de Maupertuis 02 99 05 06 10 **Pr Sc S** ou **A** **www.askoria.eu**
37 Tours Institut du travail social 17 rue Groison 02 47 62 33 33 **Pr Sc S** ou **A** **www.its-tours.com**
38 Échirolles IFTS 3 av V Hugo 04 76 09 02 08 **Pr Sc** **www.ifts-asso.com**
44 Rezé ARIFTS-PONANTS 10 rue Marion Cahour 02 40 75 69 94 **Pr Sc S** ou **A** **www.arifts.fr**
47 Marmande ADES Établissement de formation en travail social allée des tabacs 05 53 79 12 87 **Pr Sc S** ou **A** **www.adesformations.fr**
49 Angers ARIFTS-SAFRANTS 10 rue G Morel 02 41 48 20 22 **Pr Sc** **www.arifts.fr**
51 Reims IRTS 8 rue Joliot Curie 03 26 06 54 84 **Pr Sc** **www.irts-ca.fr**
54 Nancy IRTS 201 av Pinchard 03 83 93 36 00 **Pr Sc S** ou **A** **www.irts-lorraine.fr**
57 Le Ban-Saint-Martin IRTS 41 av de la Liberté 03 87 31 68 00 **Pr Sc** **www.irts-lorraine.fr**
59 Lille CRFPE - Centre régional de formation des professionnels de l'enfance 14 bd Vauban 03 20 14 93 00 **Pr Sc S** ou **A** **www.crfpe.fr**
63 Clermont-Ferrand ITSRA 62 av M Dormoy 04 73 17 01 00 **Pr Sc** **www.itsra.net**
66 Perpignan IRTS 1 rue Charles Perrier 04 68 08 20 75 **Pr Sc** **www.irts-lr.fr**
67 Strasbourg EDIAC Formation 7 rue de Soultz 03 88 14 42 90 **Pr Sc S** ou **A** **www.ediacformation.com**
68 Mulhouse Centre de formation d'éducateurs de jeunes enfants 22 av Kennedy 03 89 42 65 16 **Public S** ou **A** **www.cfeje-mulhouse.fr**
69 Lyon École santé social Sud-Est 20 rue de la Claire 04 78 83 40 88 **Pr Sc S** ou **A** **www.essse.fr**
74 Annecy IREIS 1 bis bd du Fier 04 50 46 57 01 **Pr Sc** **www.ireis.org**
75 Paris Centre de formation St-Honoré 42-44 rue de Romainville 01 42 88 80 80 **Pr Sc S** ou **A** **www.stho.org**
75 Paris CFA ADAPSS sanitaire, social et médico-social 127 av d'Italie 01 42 02 10 74 **Pr A** **www.adapss.fr**
75 Paris EFPP 22 rue Cassette 01 44 39 71 30 **Pr reconnu** **www.efpp.info**
75 Paris ETSUP 8 villa du Parc Montsouris 01 44 16 81 81 **Pr Sc** **www.etsup.com**
75 Paris IRTS Paris Ile-de-France 145 av Parmentier 01 73 79 51 00 **Pr Sc** **www.irtsparisidf.asso.fr**
76 Le Havre Institut de Formation d'Éducateurs de Normandie 34 bis rue Amiral Courbet 02 35 42 10 30 ou 02 35 19 96 96 **Pr Sc** **www.ifen-formation.com**
78 Buc Buc ressources 1 bis rue L Massotte 01 39 20 19 94 **Pr Sc** **www.buc-ressources.org**
80 Amiens IRFFE 12 rue des Deux Ponts 03 22 66 33 99 **Pr reconnu** **www.irffe.fr**
86 Poitiers IRTS 1 rue G Gnemer 05 49 37 60 00 **Pr Sc S** ou **A** **www.irts-poitou-charentes.org**
87 Isle Institut régional de formation d'éducateurs 2 rue du Buisson 05 55 01 40 52 **Pr Sc** **www.irfe87.com**
91 Évry IRFASE 5 Terrasses de l'Agora 01 60 79 47 47 **Pr Sc** **www.irfase.com**
92 Malakoff L'Horizon 6-10 rue P Bert 01 55 48 93 50 **Pr Sc S** ou **A** **www.cfhorizon.fr**
93 Aubervilliers CERPE 52 rue C Tillon 01 48 34 67 26 **Public S** ou **A** **www.cerpe.info**
93 Neuilly-sur-Marne Fondation ITSRS 150 av P Vaillant-Couturier 01 49 44 67 10 **Public** **www.fondation-itsrs.org**
95 Cergy EPSS 32 bd du Port 01 30 75 62 96 **Pr Sc S** ou **A** **www.epss-edu.com**
971 Les Abymes CFTS de la Guadeloupe rte de la Rocade 05 90 83 79 25 **Pr Sc** **www.cfts-formation.fr**
972 Saint-Joseph IFMES Quartier Rivière l'Or 05 96 42 56 56 **Pr Sc** **www.urass-ifmes.com**
973 Cayenne IRDTS Chemin rural du Centre Médico-sportif 05 94 25 34 88 **Pr Sc S** ou **A** **www.guyane.drjscs.gouv.fr**
974 Saint-Benoît IRTS 1 rue S Brunet 02 62 92 97 77 **Pr reconnu** **www.irtsreunion.fr**

ÉDUCATEUR SPÉCIALISÉ

01 Bourg-en-Bresse ADEA 12 rue du Peloux 04 74 32 77 32 **Pr Sc A** **www.adea-formation.com**
01 Bourg-en-Bresse IREIS 48 rue du Peloux 04 37 62 14 90 **Pr Sc** **www.ireis.org**
02 Laon IRFFE 16 pl. Jacques de Troyes 03 23 23 19 79 **Public** **www.irffe.fr**
06 Nice IESTS 6 rue Chanoine Rance Bourrey 04 92 07 77 97 **Pr Sc S** ou **A** **www.iests.com**
11 Souilhanels CPFP 1165 rte du Pastel 04 68 60 03 61 **Pr Sc** **www.larouatiere.com**
13 Marseille Institut méditerranéen de formation et recherche en travail social 50 rue du village 04 91 24 61 10 **Pr Sc S** ou **A** **www.imf.asso.fr**
13 Marseille IRTS 20 bd des Salyens 04 91 76 99 00 **Pr reconnu S** ou **A** **www.irts-pacacorse.com**
14 Hérouville-Saint-Clair IRTS 11 rue Guyon de Guercheville 02 31 54 42 00 **Pr Sc S** ou **A** **www.irts-bn.asso.fr**
21 Dijon IRTESS 2 rue du Professeur Marion 03 80 72 64 50 **Pr Sc S** ou **A** **www.irtess.fr**

22 Saint-Brieuc Askoria - les métiers des solidarités 12 rue du Vau Meno 02 96 78 86 20 **Pr Sc** **www.askoria.eu**
24 Bergerac Centre de formation au travail sanitaire et social Fondation J Bost 28 bd A Claveille 05 53 22 23 00 **Pr Sc S** ou **A** **www.cef-bergerac.org**
25 Besançon IRTS 1 rue A de Vigny 03 81 41 61 00 **Public S** ou **A** **www.irts-fc.fr**
26 Valence ESSSE 103 av M Faure 04 75 86 30 55 **Pr Sc** **www.essse.fr**
27 Evreux IUT 55 rue Saint-Germain 02 32 29 15 03 **Public** **www.univ-rouen.fr**
29 Brest Institut pour le travail éducatif et social 170 rue J Janssen 02 98 34 60 60 **Pr Sc** **www.ites-formation.com**
30 Nîmes Institut de formation de moniteurs éducateurs 2117 chemin du Bachas 04 66 68 99 60 **Pr Sc S** ou **A** **www.ifme.fr**
31 Labège Centre régional de formation aux métiers du social ERASME bât. California Hall C - 1244 L'Occitane 05 61 19 27 60 **Pr Sc** **www.erasme.fr**
31 Toulouse IFRASS 2 bis rue É Pelletier 05 34 63 89 00 **Pr Sc** **www.ifrass.net**
31 Toulouse Institut St-Simon av du Général de Croutte 05 61 19 09 49 **Pr Sc** **institutsaintsimon.com**
33 Talence Institut régional du travail social d'Aquitaine 9 av F Rabelais 05 56 84 20 20 **Pr Sc S** ou **A** **www.irtsaquitaine.fr**
34 Montpellier IRTS 1011 rue du Pont Laverune 04 67 07 02 30 **Pr Sc S** ou **A** **www.irts-lr.fr**
35 Bruz Askoria - les métiers des solidarités rue P de Maupertuis 02 99 05 06 10 **Pr Sc** **www.askoria.eu**
35 Rennes Askoria - les métiers des solidarités 2 av du Bois Labbé 02 99 59 41 41 **Pr Sc S** ou **A** **www.askoria.eu**
37 Tours Institut du travail social 17 rue Groison 02 47 62 33 33 **Pr Sc S** ou **A** **www.its-tours.com**
38 Échirolles IFTS 3 av V Hugo 04 76 09 02 08 **Pr Sc** **www.ifts-asso.com**
38 Grenoble IUT 2 2 pl. Doyen-Gosse 04 76 28 45 09 **Public** **www.iut2.upmf-grenoble.fr**
42 Firminy IREIS 42 rue de La Tour de Varan 04 77 10 13 70 **Pr Sc S** ou **A** **www.ireis.org**
44 Rezé ARIFTS-PONANTS 10 rue Marion Cahour 02 40 75 69 94 **Pr Sc S** ou **A** **www.arifts.fr**
45 Olivet ERTS 2032 rue du Général de Gaulle 02 38 69 17 45 **Pr Sc S** ou **A** **www.erts-olivet.org/**
47 Marmande ADES Établissement de formation en travail social allée des tabacs 05 53 79 12 87 **Pr Sc** **www.adesformations.fr**
48 Marvejols École du travail éducatif et social 17 av T Roussel 04 66 32 27 78 **Pr Sc** **www.etes.fr**
49 Angers ARIFTS-SAFRANTS 10 rue Darwin 02 41 22 14 70 **Pr Sc** **www.arifts.fr**
51 Reims IRTS 8 rue Joliot Curie 03 26 06 54 84 **Pr Sc** **www.irts-ca.fr**
54 Nancy IRTS 201 av Pinchard 03 83 93 36 00 **Pr Sc S** ou **A** **www.irts-lorraine.fr**
56 Lorient Askoria - les métiers des solidarités 7 rue des Montagnes 02 97 87 65 10 **Pr Sc** **www.askoria.eu**
57 Le Ban-Saint-Martin IRTS 41 av de la Liberté 03 87 31 68 00 **Pr Sc** **www.irts-lorraine.fr**
59 Grande-Synthe IRTS site Grand Littoral - Grande-Synthe rue Galilée 03 28 24 51 30 **Pr Sc S** ou **A** **www.irtsnpdc.fr**
59 Lille ESTS - École européenne supérieure en travail social 22 rue Halévy 03 20 93 70 16 **Pr Sc** **www.eests.org**
59 Loos IRTS rue A Paré 03 20 62 53 85 **Pr Sc S** ou **A** **www.irtsnpdc.fr**
59 Maubeuge École européenne supérieure en travail social 2 rue du Gazomètre 03 27 62 87 22 **Pr Sc** **www.eests.org**
59 Tourcoing IUT B 35 rue Sainte- Barbe 03 20 76 25 00/03 20 76 25 97 **Public** **www.iut.univ-lille3.fr**
59 Valenciennes IRTS de Valenciennes 35 rue Ernest Macarez 03 27 42 40 97 **Pr Sc S** ou **A** **www.irtsnpdc.fr**
60 Beauvais IRFFE 1 rue Arago 03 44 07 72 34 **Public** **www.irffe.fr**
62 Arras Centre de formation AFERTES 5 rue Frédéric Degeorge 03 21 60 40 00 **Pr Sc** **www.afertes.org**
62 Arras IRTS - Institut régional de travail social - Site Artois 5 rue Maurice Schumann 03 21 24 09 09 **Pr Sc S** ou **A** **www.irtsnpdc.fr**
62 Avion ESTS - École européenne supérieure en travail social rue des montagnards 03 21 49 23 71 **Pr reconnu** **www.eests.org**
62 Étaples IRTS bd Lefevre 03 21 89 97 00 **Pr Sc S** ou **A** **www.irtsnpdc.fr**
62 Saint-Omer École européenne supérieure en travail social 42 rue Carnot 03 21 12 20 20 **Pr Sc** **www.eests.org**
63 Clermont-Ferrand ITSRA 62 av M Dormoy 04 73 17 01 00 **Pr Sc S** ou **A** **www.itsra.net**
64 Etcharry AFMR Château Elgart 05 59 65 72 82 **Pr Sc S** ou **A** **www.afmr-etcharry.com**
64 Pau Institut du travail social Pierre Bourdieu 8 cours L Bérard 05 59 84 93 93 **Pr Sc S** ou **A** **www.its-pau.fr**
66 Perpignan IRTS 1 rue Charles Perrier 04 68 08 20 75 **Pr Sc** **www.irts-lr.fr**
67 Strasbourg ESTES 3 rue Sédillot 03 88 21 19 90 **Pr Sc S** ou **A** **www.estes.fr**
68 Mulhouse ISSM 4 rue Schlumberger 03 89 33 20 00 **Pr Sc S** ou **A** **www.issm.asso.fr**
69 Lyon ARFRIPS 10 impasse P Baizet 04 78 69 90 90 **Pr Sc S** ou **A** **www.arfrips.fr**
74 Annecy IREIS 1 bis bd du Fier 04 50 46 57 01 **Pr Sc** **www.ireis.org**
75 Paris Centre de formation St-Honoré 42-44 rue de Romainville 01 42 88 80 80 **Pr Sc** **www.stho.org**
75 Paris CFA ADAPSS sanitaire, social et médico-social 127 av d'Italie 01 42 02 10 74 **Pr A** **www.adapss.fr**
75 Paris EFPP 22 rue Cassette 01 44 39 71 30 **Pr reconnu** **www.efpp.info**
75 Paris ETSUP 8 villa du Parc Montsouris 01 44 16 81 81 **Pr Sc** **www.etsup.com**
75 Paris IRTS Paris Ile-de-France 145 av Parmentier 01 73 79 51 00 **Pr Sc S** ou **A** **www.irtsparisidf.asso.fr**
76 Canteleu Institut du développement social Allée de Flore 02 32 83 25 24 **Pr Sc** **www.ids.fr**
76 Le Havre Institut de Formation d'Éducateurs de Normandie 34 bis rue Amiral Courbet 02 35 42 10 30 ou 02 35 19 96 96 **Pr Sc S** ou **A** **www.ifen-formation.com**
78 Buc Buc ressources 1 bis rue L Massotte 01 39 20 19 94 **Pr Sc S** ou **A** **www.buc-ressources.org**
80 Amiens IRFFE 12 rue des Deux Ponts 03 22 66 33 99 **Pr reconnu A** **www.irffe.fr**
81 Le Sequestre Institut St-Simon Le Prestil 05 63 43 20 49 **Pr Sc S** ou **A** **www.institutsaintsimon.com**

IRTS: institut régional du travail social
LP: lycée professionnel
Pr Hc: privé hors contrat
Pr Sc: privé sous contrat
A: statut de l'élève « apprenti »
S: statut de l'élève « scolaire »

Diplôme d'État d'éducateur spécialisé (suite)

83 Ollioules IRFSS - IFTS Croix-Rouge française - Site d'Ollioules 04 94 93 66 00 **Pr Sc S** ou **A** **irfss-pacac.croix-rouge.fr**
84 Avignon Institut méditerranéen de formation et recherche en travail social 641 Chemin de la Verdière 04 32 40 41 80 **Pr Sc S** ou **A** **www.imf.asso.fr**
85 La Roche-sur-Yon SupSocial rue B Franklin 09 70 80 82 21 **Pr Sc** **www.etablieres.fr**
86 Poitiers IRTS 1 rue G Gnemer 05 49 37 60 00 **Pr Sc S** ou **A** **www.irts-poitou-charentes.org**
87 Isle Institut régional de formation d'éducateurs 2 rue du Buisson 05 55 01 40 52 **Pr Sc S** ou **A** **www.irfe87.com**
91 Évry IRFASE 5 Terrasses de l'Agora 01 60 79 47 47 **Pr Sc S** ou **A** **www.irfase.com**
93 Aubervilliers CFPES-CEMEA Ile-de-France 65 rue des Cités 01 48 11 27 90 **Pr Sc** **www.cfpes.com**
93 Neuilly-sur-Marne Fondation ITSRS 150 av P Vaillant-Couturier 01 49 44 67 10 **Public** **www.fondation-itsrs.org**
94 Le Kremlin-Bicêtre SEP du lycée Pierre Brossolette 5 rue P Brossolette 01 46 58 36 76 **Public** **www.lpo-brossolette.ac-creteil.fr**
94 Nogent-sur-Marne École INFA 5-9 rue Anquetil 01 45 14 64 00 **Pr Hc A** **www.infa-formation.com**
95 Cergy EPSS 32 bd du Port 01 30 75 62 96 **Pr Sc S** ou **A** **www.epss-edu.com**
971 Les Abymes CFTS de la Guadeloupe rte de la Rocade 05 90 83 79 25 **Pr Sc** **www.cfts-formation.fr**
972 Saint-Joseph IFMES Quartier Rivière l'Or 05 96 42 56 56 **Pr Sc** **www.urass-ifmes.com**
973 Cayenne IRDTS Chemin rural du Centre Médico-sportif 05 94 25 34 88 **Pr Sc** **www.guyane.drjscs.gouv.fr**
974 Saint-Benoît IRTS 1 rue S Brunet 02 62 92 97 77 **Pr reconnu** **www.irtsreunion.fr**
987 Papeete Service des affaires sociales Immeuble Te Hotu, av du Prince Hinoi 689 46 58 26/46 58 79 **Public**

ÉDUCATEUR TECHNIQUE SPÉCIALISÉ

13 Marseille IRTS 20 bd des Salyens 04 91 76 99 00 **Pr reconnu S** ou **A** **www.irts-pacacorse.com**
14 Hérouville-Saint-Clair IRTS 11 rue Guyon de Guercheville 02 31 54 42 00 **Pr Sc** **www.irts-bn.asso.fr**
21 Dijon IRTESS 2 rue du Professeur Marion 03 80 72 64 50 **Pr Sc A** **www.irtess.fr**
22 Saint-Brieuc Askoria - les métiers des solidarités 12 rue du Vau Meno 02 96 78 86 20 **Pr Sc** **www.askoria.eu**
25 Besançon IRTS 1 rue A de Vigny 03 81 41 61 00 **Public** **www.irts-fc.fr**
29 Brest Institut pour le travail éducatif et social 170 rue J Janssen 02 98 34 60 60 **Pr Sc** **www.ites-formation.com**
31 Toulouse Institut St-Simon av du Général de Croutte 05 61 19 09 49 **Pr Sc** **institutsaintsimon.com**
33 Talence Institut régional du travail social d'Aquitaine 9 av F Rabelais 05 56 84 20 20 **Pr Sc** **www.irtsaquitaine.fr**
34 Montpellier IRTS 1011 rue du Pont Laverune 04 67 07 02 30 **Pr Sc** **www.irts-lr.fr**
35 Rennes Askoria - les métiers des solidarités 2 av du Bois Labbé 02 99 59 41 41 **Pr Sc** **www.askoria.eu**
37 Tours Institut du travail social 17 rue Groison 02 47 62 33 33 **Pr Sc** **www.its-tours.com**
45 Olivet ERTS 2032 rue du Général de Gaulle 02 38 69 17 45 **Pr Sc S** ou **A** **www.erts-olivet.org/**
49 Angers ARIFTS-SAFRANTS 10 rue Darwin 02 41 22 14 70 **Pr Sc** **www.arifts.fr**
51 Reims IRTS 8 rue Joliot Curie 03 26 06 54 84 **Pr Sc** **www.irts-ca.fr**
57 Le Ban-Saint-Martin IRTS 41 av de la Liberté 03 87 31 68 00 **Pr Sc S** ou **A** **www.irts-lorraine.fr**
59 Loos IRTS rue A Paré 03 20 62 53 85 **Pr Sc S** ou **A** **www.irtsnpdc.fr**
63 Clermont-Ferrand ITSRA 62 av M Dormoy 04 73 17 01 00 **Pr Sc** **www.itsra.net**
64 Pau Institut du travail social Pierre Bourdieu 8 cours L Bérard 05 59 84 93 93 **Pr Sc** **www.its-pau.fr**
67 Strasbourg ESTES 3 rue Sédillot 03 88 21 19 90 **Pr Sc** **www.estes.fr**
69 Lyon ARFRIPS 10 impasse P Baizet 04 78 69 90 90 **Pr Sc** **www.arfrips.fr**
75 Paris ETSUP 8 villa du Parc Montsouris 01 44 16 81 81 **Pr Sc** **www.etsup.com**
76 Canteleu Institut du développement social Allée de Flore 02 32 83 25 24 **Pr Sc** **www.ids.fr**
80 Amiens IRFFE 12 rue des Deux Ponts 03 22 66 33 99 **Pr reconnu** **www.irffe.fr**
86 Poitiers IRTS 1 rue G Gnemer 05 49 37 60 00 **Pr Sc** **www.irts-poitou-charentes.org**
87 Isle Institut régional de formation d'éducateurs 2 rue du Buisson 05 55 01 40 52 **Pr Sc** **www.irfe87.com**
973 Cayenne IRDTS Chemin rural du Centre Médico-sportif 05 94 25 34 88 **Pr Sc** **www.guyane.drjscs.gouv.fr**
974 Saint-Benoît IRTS 1 rue S Brunet 02 62 92 97 77 **Pr reconnu** **www.irtsreunion.fr**

BTS

Sont présentés ici les deux brevets de technicien supérieur du secteur social, qui se préparent en 2 ans après le bac.

SERVICES ET PRESTATIONS DES SECTEURS SANITAIRE ET SOCIAL

86 Futuroscope CNED 05 49 49 94 94 **Public S**
02 Château-Thierry Lycée J de La Fontaine 03 23 69 23 38 **Public Int GF S**
06 Cannes Pigier 04 93 43 62 42 **Pr Hc S**
06 Nice Lycée Honoré d'Estienne d'Orves 04 93 97 12 00 **Public Int GF S**
06 Nice Pigier 04 93 29 83 33 **Pr Hc S**
07 Annonay Lycée St-Denis 04 75 69 28 00 **Pr Sc Int GF S** ou **A**
08 Charleville-Mézières Lycée Sévigné 03 24 59 83 00 **Public Int GF S**
09 Saint-Girons Lycée du Couserans 05 61 96 25 50 **Public Int GF S**
11 Carcassonne Lycée J Fil 04 68 47 82 66 **Public Int GF S**
13 Aix-en-Provence Groupe Merkure 04 42 20 62 06 **Pr Hc Int GF S**
13 Aix-en-Provence Lycée E Zola 04 42 93 87 00 **Public S**
13 Marseille Lycée Pastré 04 96 19 06 06 **Pr Sc S**
14 Caen AIFCC - Institut des métiers santé et social 02 31 44 32 11 **Consulaire S**
14 Caen Institut Supérieur Professionnel de Normandie 02 31 93 09 12 **Pr Hc S**
14 Vire Lycée M Curie 02 31 68 09 71 **Public Int GF S**
16 Angoulême Lycée Ste-Marthe Chavagnes 05 45 37 02 50 **Pr Sc S**
17 La Rochelle ISFAC 05 46 45 10 64 **Pr Hc S**
19 Brive-la-Gaillarde Lycée Danton 05 55 87 38 73 **Public Int GF S**

20A Ajaccio Lycée Fesch
04 95 51 60 80 **Public S**
21 Dijon Lycée Simone Weil
03 80 63 04 80 **Public Int F S**
22 Rostrenen Lycée Notre-Dame de Campostal 02 96 29 00 34 **Pr Sc Int GF S**
22 Saint-Brieuc Lycée E Renan
02 96 77 22 22 **Public Int F S**
25 Besançon Lycée L Pergaud
03 81 54 77 77 **Public Int GF S**
25 Mandeure MFREO
03 81 30 01 02 **Pr Sc Int GF A**
26 Valence EPSECO
04 75 44 42 42 **Pr reconnu S**
28 Chartres Lycée J de Beauce
02 37 18 78 00 **Public Int GF S**
29 Morlaix Lycée T Corbière
02 98 88 62 77 **Public Int GF S**
29 Quimper Lycée Chaptal
02 98 55 47 46 **Public Int hors étab S**
30 La Grand-Combe LP Pasteur
04 66 34 06 72 **Pr Sc Int GF S**
30 Milhaud Lycée G. De Gaulle Anthonioz
04 66 74 62 10 **Public Int GF S**
31 Blagnac Institut supérieur de formation professionnelle
05 61 71 60 43 **Pr Hc S**
31 Muret École privée La Pradette
05 61 51 14 09 **Pr Hc S**
31 Toulouse ADONIS
05 62 20 08 04 **Pr Hc S**
31 Toulouse Lycée Stéphane Hessel
05 34 25 52 55 **Public Int GF S**
32 Auch Lycée Oratoire Ste-Marie
05 62 05 03 25 **Pr Sc Int F S**
33 Bègles Lycée Václav Havel
05 57 30 49 00 **Public Int GF S**
33 Bordeaux Lycée Ste-Marie Bastide
05 57 80 12 00 **Pr Sc S**
34 Béziers Lycée J Moulin
04 67 35 59 35 **Public Int GF S**
34 Montpellier Duclaux
04 67 92 15 45 **Pr Hc S**
34 Montpellier IRTS
04 67 07 02 30 **Pr Sc S ou A**
34 Servian École technique Ruffel
04 67 39 90 70 **Pr Hc S**
34 Sète École Ruffel
04 67 51 55 28 **Pr Hc S**
35 Cesson-Sévigné ECOFAC BUSINESS SCHOOL (EX-ISTER) 02 23 30 00 11 **Pr Hc S**
35 Rennes ESUP 02 99 31 42 43 **Pr Hc S**
35 Rennes Lycée Bréquigny
02 99 86 82 00 **Public Int GF S**
35 Rennes Lycée St-Martin
02 99 84 16 16 **Pr Sc Int GF S**
37 Joué-les-Tours Campus des métiers et de l'Artisanat
02 47 78 47 00 **Consulaire Int GF A**
38 Corenc Lycée ITEC-Boisfleury
04 76 90 12 16 **Pr Sc S ou A**
38 Moirans MFR de Moirans
04 76 35 41 60 **Pr Sc Int GF S**
39 Dole Lycée Pasteur Mont-Roland
03 84 79 66 01 **Pr Sc Int GF S**
40 Dax Lycée Saint-Jacques de Compostelle 05 58 56 30 50 **Pr Sc Int GF S**
41 Blois Lycée la Providence
02 54 56 43 10 **Pr Sc Int F S**
42 Firminy Lycée A Camus
04 77 40 17 17 **Public Int F S**
42 Saint-Étienne IRUP
04 77 46 21 64 **Pr Hc S**
44 Carquefou Etudia
02 40 50 87 82 **Pr Hc S**
44 Nantes Groupe Talensac Jeanne Bernard 02 51 72 95 10 **Pr Sc Int F S**
44 Saint-Nazaire Lycée A Briand
02 40 00 25 25 **Public Int GF S**
45 Orléans Lycée Ste-Croix St-Euverte
02 38 52 27 00 **Pr Sc Int GF S**
45 Orléans Lycée Voltaire
02 38 63 36 20 **Public Int GF S**
48 Mende Lycée général et technologique E Peytavin 04 66 49 18 66 **Public Int GF S**
49 Angers ICOGES 02 41 25 35 15 **Pr Hc S**
49 Angers Lycée Chevrollier
02 41 80 96 11 **Public Int GF S**
49 Cholet Lycée J Delanoue
02 41 63 74 74 **Pr Sc Int GF S**
50 Saint-Lô Lycée technique Bon Sauveur 02 33 72 53 53 **Pr Sc Int GF S**
51 Châlons-en-Champagne Lycée F Ozanam 03 26 69 32 70 **Pr Sc Int hors étab S**
51 Reims Lycée Libergier
03 26 77 61 61 **Public Int GF S**
52 Chaumont Lycée E Bouchardon
03 25 03 23 42 **Public Int GF S**
53 Laval Lycée Haute Follis - Campus EC53 02 43 26 17 17 **Pr Sc Int hors étab S**
53 Laval Lycée Réaumur 02 43 67 24 00 **Public Int GF S**
54 Laxou Lycée technique du commerce et des affaires 03 83 95 36 13 **Consulaire S**
54 Nancy Lycée Ch de Foucauld
03 83 35 27 14 **Pr Sc Int GF S**
54 Tomblaine Lycée A Varoquaux
03 83 29 28 35 **Public Int GF S**
55 Verdun Lycée des métiers J A Marguerittte 03 29 86 14 28 **Public Int GF S**
56 Vannes Lycée Notre-Dame le Menimur 02 97 54 03 31 **Pr Sc Int GF S**
57 Forbach Lycée B Pascal
03 87 29 31 50 **Public Int GF S**
57 Metz LP Jean-Victor Poncelet
03 87 75 88 22 **Public A**
57 Peltre Lycée Notre-Dame
03 87 37 14 03 **Pr Sc Int GF S**
58 Nevers Centre scolaire Notre Dame Pôle d'enseignement supérieur
03 86 61 16 67 **Pr Sc Int GF S**
59 Cambrai Lycée St-Luc - La Sagesse
03 27 82 28 28 **Pr Sc Int GF S**
59 La Madeleine Lycée V Labbé
03 20 63 02 63 **Public Int GF S ou A**
59 Lille ADONIS 03 20 74 90 40 **Pr Hc S**
59 Pecquencourt Institut privé d'Anchin
03 27 86 42 54 **Pr Sc Int GF A**
59 Roubaix CFA académique - ERP André Maginot 03 20 73 76 67 **Public A**
59 Tourcoing Lycée Sévigné
03 20 25 31 43 **Public Int F S**
61 Alençon Lycée M de Navarre
02 33 80 33 50 **Public Int GF S**
62 Berck Lycée J Lavezzari
03 21 09 20 18 **Public Int GF S**
62 Saint-Martin-Boulogne Lycée St-Joseph 03 21 99 06 99 **Pr Sc S**
63 Chamalières Lycée Ste-Thècle
04 73 37 32 09 **Pr Sc Int F S**
63 Clermont-Ferrand Lycée S Apollinaire 04 73 41 20 20 **Public Int GF S**
67 Strasbourg Horizon
03 88 23 77 99 **Pr Hc S**
67 Strasbourg Lycée Ste-Clotilde
03 88 45 57 20 **Pr Sc Int F S ou A**
68 Mulhouse Lycée M de Montaigne
03 89 46 33 44 **Public Int hors étab S**
69 Lyon ADONIS 04 37 48 98 28 **Pr Hc S**
69 Lyon ICOGES 04 72 68 78 30 **Pr Hc S**
69 Lyon Lycée Carrel 04 72 71 56 46 **Pr Sc S ou A**
71 Chalon-sur-Saône Lycée Mathias
03 85 97 48 00 **Public Int GF S**
71 Paray-le-Monial Lycée Sacré-CSur
03 85 81 03 75 **Pr Sc Int GF S**
72 Le Mans Lycée St-Charles-Ste-Croix
02 43 50 16 70 **Pr Sc S**
74 Annecy Lycée G Fauré
04 50 45 20 38 **Public Int GF S**
75 Paris AFBB 01 48 78 28 24 **Pr Hc S**
75 Paris ICOGES 01 45 58 17 33/ 01 55 26 95 70 **Pr Hc S**
75 Paris Lycée Carcado Saisseval
01 45 48 43 46 **Pr Sc S**
75 Paris Lycée F Rabelais
01 53 09 13 00 **Public S**
75 Paris Lycée Notre-Dame
01 45 80 77 90 **Pr Sc S ou A**
75 Paris SEP du lycée J Monod (annexe)
01 42 36 43 23 **Public A**
76 Le Grand-Quevilly Lycée Val de Seine 02 35 18 29 69 **Public Int F S**

Int GF : internat garçons et filles
IRTS : institut régional du travail social
LP : lycée professionnel
Pr Hc : privé hors contrat
Pr Sc : privé sous contrat
A : statut de l'élève « apprenti »
S : statut de l'élève « scolaire »
AS : année spécial

BTS services et prestations des secteurs sanitaire et social (suite)

76 Rouen Lycée Providence Miséricorde 02 32 08 17 32 **Pr Sc Int GF S**
76 Sainte-Adresse Lycée Jeanne d'Arc - site principal Jeanne d'Arc 02 35 54 65 50 **Pr Sc S**
77 Avon Lycée Uruguay France 01 60 74 50 60 **Public Int GF S**
77 Chelles Lycée J de Chelles 01 64 72 43 40 **Public S**
78 Guyancourt École Pigier 01 34 52 70 70 **Pr Hc S**
78 Saint-Germain-en-Laye Lycée JB Poquelin 01 30 87 44 00 **Public S**
78 Trappes LP H Matisse 01 30 62 87 42 **Public A**
79 Niort Lycée de la Venise Verte 05 49 32 48 00 **Public Int GF S**
80 Amiens Lycée E Gand 03 22 53 41 22 **Public Int GF S**
80 Amiens Lycée St-Rémi 03 22 71 23 00 **Pr Sc Int F S**
81 Albi Lycée Ste-Cécile 05 63 46 16 66 **Pr Sc Int F S**
82 Montauban Lycée A Bourdelle 05 63 92 63 15 **Public Int GF S**
83 Toulon Lycée général et technologique Bonaparte 04 94 18 90 30 **Public S**
84 Carpentras Lycée V Hugo 04 90 63 12 32 **Public Int F S**
85 Fontenay-le-Comte Lycée Notre-Dame 02 51 69 19 33 **Pr Sc Int GF S**
88 Épinal Lycée L Lapicque 03 29 82 47 42 **Public Int GF S**
91 Palaiseau Lycée H Poincaré 01 69 31 75 30 **Public S**
92 Châtenay-Malabry Lycée J Jaurès 1 40 83 40 00 Public **S**
93 Montreuil Lycée J Jaurès 01 42 87 49 84 **Public S**
94 Le Kremlin-Bicêtre Lycée D Milhaud 01 43 90 15 15 **Public S**
94 Nogent-sur-Marne École INFA 01 45 14 64 00 **Pr Hc A**
94 Saint-Maur-des-Fossés Lycée Teilhard de Chardin 01 48 89 66 66 **Pr Sc S**
95 Argenteuil Lycée F et N Léger 01 39 98 43 43 **Public S**
971 Pointe-à-Pitre CIFAB 05 90 89 45 56 **CFA privé A**
971 Pointe-à-Pitre Formates 05 90 90 26 11 **Pr Hc S**
971 Port-Louis Lycée Nord Grande Terre 05 90 21 73 50 **Public Int GF S**
972 La Trinité Lycée F Fanon 05 96 58 21 96 **Public Int GF S**
973 Saint-Laurent-du-Maroni SEP du lycée B Juminer 0594 34 22 00 **Public Int GF S**
974 Saint-Benoît Lycée M Curie 02 62 94 46 46 **Public Int GF S**
974 Saint-Paul Lycée St-Paul IV 02 62 33 06 50 **Public Int GF S**
988 Dumbéa Lycée général et technologique du Grand Nouméa 00 687 41 01 00 **Public Int GF S**

ÉCONOMIE SOCIALE FAMILIALE

86 Futuroscope CNED 05 49 49 94 94 **Public S**
02 Bohain-en-Vermandois Lycée Ste-Sophie 03 23 07 53 53 **Pr Sc Int F S**
03 Escurolles MFR Escurolles 04 70 90 50 34 **Pr Sc Int GF S**
06 Nice Ligue française de l'enseignement 04 93 18 93 13 **Pr reconnu S**
06 Nice Lycée général et technologique Sasserno 04 93 80 03 61 **Pr Sc S**
06 Nice Lycée Honoré d'Estienne d'Orves 04 93 97 12 00 **Public Int GF S**
07 Annonay Lycée St-Denis 04 75 69 28 00 **Pr Sc Int GF S**
11 Narbonne Lycée Beauséjour 04 68 32 04 13 **Pr Sc Int GF S**
13 Marseille Lycée La Cadenelle 04 91 18 10 50 **Pr Sc Int F S**
13 Marseille Lycée M Curie 04 91 36 52 10 **Public S**
13 Marseille Lycée Pastré 04 96 19 06 06 **Pr Sc S**
13 Puyloubier MFR de Puyloubier 04 42 66 32 09 **Pr Sc Int GF A**
14 Caen AIFCC - Institut des métiers santé et social 02 31 44 32 11 **Consulaire S**
14 Caen Institut Supérieur Professionnel de Normandie 02 31 93 09 12 **Pr Hc S**
14 Caen Lycée J Rostand 02 31 52 19 40 **Public Int GF S**
14 Caen Lycée Notre-Dame de Fidélité 02 31 46 76 86 **Pr Sc S**
16 Cherves-Richemont MFR 05 45 83 16 49 **Pr Sc Int GF A**
18 Bourges Lycée J Coeur 02 48 67 83 00 **Public Int GF S**
19 Ussel Lycée B de Ventadour 05 55 72 10 74 **Public Int GF S**
21 Dijon Lycée les Arcades 03 80 68 48 28 **Pr Sc Int GF S**
21 Dijon Lycée Simone Weil 03 80 63 04 80 **Public Int F S**
22 Paimpol Lycée Kerraoul 02 96 55 34 30 **Public Int GF S**
24 Champcevinel Centre de formation et de promotion 05 53 45 40 70 **CFA privé A**
25 Besançon Centre de formation Bourgogne-Franche-Comté Antenne CFA MFR 03 81 47 92 92 **CFA privé A**
26 Châteauneuf-sur-Isère MFR Châteauneuf sur Isère 04 75 71 88 00 **Pr Sc Int GF A**
26 Valence EPSECO 04 75 44 42 42 **Pr reconnu S**
27 Bernay Lycée St-Anselme 02 32 43 15 03 **Pr Sc Int F S**
28 Chartres Lycée J de Beauce 02 37 18 78 00 **Public Int GF S**
28 Dreux Institut supérieur d'enseignement industriel et commercial 02 37 42 38 92 **Pr Hc S**
29 Brest Idpces 02 98 44 27 62 **Pr Hc S**
29 Brest Lycée Estran Fénelon 02 98 44 17 08 **Pr Sc Int GF S**
29 Quimper Lycée Chaptal 02 98 55 47 46 **Public Int hors étab S**
30 Alès Lycée JB Dumas 04 66 78 23 23 **Public Int GF S**
30 Milhaud Lycée G. De Gaulle Anthonioz 04 66 74 62 10 **Public Int GF S**
30 Saint-Hippolyte-du-Fort Maison familiale rurale St Hippolyte du fort 04 66 71 53 05 **Pr Sc A**
31 Blagnac Institut supérieur de formation professionnelle 05 61 71 60 43 **Pr Hc S**
31 Muret École privée La Pradette 05 61 51 14 09 **Pr Hc S**
31 Toulouse ADONIS 05 62 20 08 04 **Pr Hc S**
31 Toulouse Lycée Limayrac 05 61 36 08 08 **Pr Sc Int GF S**
33 Bègles Lycée Václav Havel 05 57 30 49 00 **Public Int GF S**
33 Bordeaux ADONIS 05 56 86 74 93 **Pr Hc S**
33 Bordeaux Lycée Bel-Orme 05 56 00 87 97 **Pr Sc S**
33 Mérignac ESARC ÉVOLUTION 05 56 12 81 82 **Pr Hc S**
34 Béziers Centre technique S Delaunay 04 67 49 13 90 **Pr Hc S**
34 Montpellier ADONIS 04 67 63 93 59 **Pr Hc S**
34 Montpellier Groupe ETEC 04 67 64 94 40 **Pr Hc S**
34 Montpellier IRTS 04 67 07 02 30 **Pr Sc S**
34 Montpellier LP Turgot 04 67 10 42 00 **Pr Sc S**
34 Saint-Clément Lycée J Jaurès 04 67 63 61 50 **Public Int GF S**
35 Cesson-Sévigné ECOFAC BUSINESS SCHOOL (EX-ISTER) 02 23 30 00 11 **Pr Hc S**
35 Rennes Lycée Jeanne d'Arc 02 99 84 30 30 **Pr Sc Int GF S**
37 Tours Maison familiale rurale Tours Val-de-Loire 02 47 54 24 21 **Pr Sc Int GF S** ou **A**
38 Grenoble LT Iser-Bordier 04 76 22 05 97 **Pr Sc S**
38 Grenoble Lycée L Michel 04 38 12 36 00 **Public Int GF S**
39 Poligny Lycée H Friant 03 84 37 21 34 **Public Int GF S**

40 Castelnau-Chalosse MFR
05 58 98 54 28 **Pr Sc Int GF S**
41 Blois Lycée la Providence
02 54 56 43 10 **Pr Sc Int F S**
41 Montoire-sur-le-Loir Lycée agricole Ste-Cécile 02 54 85 01 83 **Pr Sc Int F S**
42 Saint-Étienne Lycée H d'Urfé
04 77 57 38 58 **Public Int GF S**
42 Saint-Étienne Lycée St-Michel
04 77 49 44 60 **Pr Sc S**
43 Le Puy-en-Velay Lycée A M Martel
04 71 05 46 66 **Pr Sc Int GF S**
44 Nantes Groupe Talensac Jeanne Bernard 02 51 72 95 10 **Pr Sc Int F S**
46 Cahors Lycée C Marot
05 65 35 25 17 **Public Int GF S**
48 Mende Lycée Notre-Dame
04 66 49 14 57 **Pr Sc Int GF S**
49 Angers Cnam-Iforis
02 41 22 17 30 **Pr Hc S**
49 Angers ICOGES 02 41 25 35 15 **Pr Hc S**
50 Mortain Lycée R de Mortain
02 33 59 00 76 **Public Int GF S**
51 Reims Lycée Libergier
03 26 77 61 61 **Public Int GF S**
53 Laval Lycée Réaumur
02 43 67 24 00 **Public Int GF S**
54 Tomblaine Lycée A Varoquaux
03 83 29 28 35 **Public Int GF S**
55 Verdun Lycée Ste-Anne
03 29 83 36 50 **Pr Sc Int GF S**
56 Vannes Lycée Notre-Dame le Menimur 02 97 54 03 31 **Pr Sc Int GF S**
57 Forbach Lycée B Pascal
03 87 29 31 50 **Public Int GF S**
57 Metz Lycée G de la Tour
03 87 66 98 35 **Public Int GF S**
59 Denain Lycée J Mousseron
03 27 44 16 52 **Public S**
59 Hazebrouck Lycée Fondation Depoorter 03 28 41 96 06 **Pr Sc Int F S**
59 Lille ADONIS 03 20 74 90 40 **Pr Hc S**
59 Loos Lycée St-Vincent de Paul
03 20 07 04 32 **Pr Sc Int GF S**
59 Tourcoing Lycée Sévigné
03 20 25 31 43 **Public Int F S**
59 Valenciennes Lycée la Sagesse
03 27 46 27 33 **Pr Sc S**
60 Creil Lycée J Uhry
03 44 64 75 44 **Public Int GF S**
62 Berck Lycée J Lavezzari
03 21 09 20 18 **Public Int GF S**
62 Beuvry Lycée M Yourcenar
03 21 64 51 00 **Public Int GF S**
63 Clermont-Ferrand Lycée S Apollinaire 04 73 41 20 20 **Public Int GF S**
64 Anglet Lycée Ste-Anne
05 59 63 83 93 **Pr Sc Int F S**
64 Pau Institut du travail social Pierre Bourdieu 05 59 84 93 93 **Pr Sc S**
65 Tarbes Lycée M Curie
05 62 44 56 56 **Public Int GF S**
66 Perpignan Lycée J Lurçat
04 68 50 28 91 **Public Int GF S**
67 Schiltigheim IFCAAD
03 88 18 61 31 **Pr Sc S ou A**
67 Strasbourg Horizon
03 88 23 77 99 **Pr Hc S**
67 Strasbourg Lycée J Rostand
03 88 14 43 50 **Public Int GF S**
68 Colmar Lycée St-André
03 89 21 75 21 **Pr Sc S**
69 Lyon ADONIS 04 37 48 98 28 **Pr Hc S**
69 Lyon Horizon Santé
04 78 27 46 13 **Pr Hc S**
69 Lyon Lycée Carrel
04 72 71 56 46 **Pr Sc S**
69 Lyon Lycée La Martinière Duchère
04 72 17 29 50 **Public Int GF S**
71 Chalon-sur-Saône Lycée St-Charles
03 85 45 83 35 **Pr Sc Int GF S**
72 Saint-Saturnin LPP Les Horizons
02 43 29 21 50 **Pr Sc Int GF S**
74 Annecy IPAC Annecy
04 50 45 13 91 **Pr Hc S**
75 Paris ICOGES
01 45 58 17 33/01 55 26 95 70 **Pr Hc S**
75 Paris Institut supérieur privé Clorivière 01 47 83 42 49
Pr Sc Int hors étab S
75 Paris Lycée F Rabelais
01 53 09 13 00 **Public S**
75 Paris Lycée la Plaine Monceau
01 43 87 54 05 **Pr Sc S**
76 Rouen Lycée G Flaubert
02 35 12 88 88 **Public Int GF S**
76 Sainte-Adresse Lycée Jeanne d'Arc - site principal
Jeanne d'Arc 02 35 54 65 50 **Pr Sc S**
77 Avon Lycée Uruguay France
01 60 74 50 60 **Public Int GF S**
79 Niort ICSSA 05 49 33 03 64 **Pr Sc S**
80 Amiens Lycée E Gand
03 22 53 41 22 **Public Int GF S**
81 Brens Ineopôle Formation - MFR Midi-Pyrénées 05 63 57 05 15 **Pr Sc Int GF A**
82 Moissac Lycée F Mitterrand
05 63 04 05 83 **Public Int GF S**
83 Toulon LP du Parc St-Jean
04 94 03 93 93 **Public Int hors étab S**
84 Avignon Sud Formation santé
04 90 13 86 55 **Consulaire Int hors étab S**
85 Luçon Lycée Atlantique
02 51 29 11 44 **Public Int GF S**
86 Poitiers Lycée agricole d'Aquitaine
05 49 44 81 00 **Public Int GF S**
87 Limoges Institut d'économie sociale familiale 05 55 34 41 25 **Pr Sc Int GF S**
87 Limoges Lycée S Valadon
05 55 45 56 00 **Public S**
88 Gugnécourt Maison Familiale Rurale
03 29 65 72 43 **Pr Sc Int GF A**
89 Saint-Denis-lès-Sens AFLIP - Ste Colombe Formations 03 86 64 80 00
Pr reconnu Int F S
92 Châtenay-Malabry Lycée J Jaurès
01 40 83 40 00 **Public S**
92 Nanterre Lycée F et I Joliot Curie
01 47 21 20 19 **Public S**
93 Livry-Gargan Lycée H Sellier
01 41 70 71 50 **Public S**
93 Saint-Ouen Lycée M Cachin
01 49 18 97 50 **Public S**
94 Cachan Lycée M Sorre
01 47 40 49 60 **Public S**
95 Pontoise Lycée C Pissarro
01 34 41 54 54 **Public S**
971 Port-Louis Lycée Nord Grande Terre
05 90 21 73 50 **Public Int GF S**
972 Fort-de-France Lycée J. Gaillard
05 96 61 99 10 **Public S**
973 Cayenne Lycée Melkior et Garré
0594 29 78 20 **Public Int GF S**
973 Cayenne SEP du lycée Melkior et Garré 0594 29 78 20 **Public Int GF S**
974 Le Tampon Lycée R Garros
02 62 57 81 00 **Public Int GF S**
974 Saint-Benoît Lycée M Curie
02 62 94 46 46 **Public Int GF S**
987 Pirae Lycée du Taaone
689 54 26 00 Public Int GF **S**
988 Dumbéa Lycée général et technologique du Grand Nouméa 00 687 41 01 00
Public Int GF S

DUT

Seul diplôme universitaire de technologie du secteur, le DUT carrières sociales se subdivise en cinq options. Le DUT se prépare en 2 ans après le bac.

CARRIÈRES SOCIALES

Opt 1 : **animation sociale et socioculturelle**
Opt 2 : **assistance sociale**
Opt 3 : **éducation spécialisée**
Opt 4 : **gestion urbaine**
Opt 5 : **services à la personne**
06 Menton IUT de Nice
04 93 28 66 80 opt 1 : **S**, opt 3 : **S**
13 Aix-en-Provence
IUT 04 42 64 56 63 opt 4 : **S**
18 Bourges IUT 02 48 23 82 42 opt 4 : **S**
24 Périgueux IUT de Périgueux
05 53 02 58 58 opt 4 : **S**

Int GF : internat garçons et filles
IRTS : institut régional du travail social
LP : lycée professionnel
Pr Hc : privé hors contrat
Pr Sc : privé sous contrat
A : statut de l'élève « apprenti »
S : statut de l'élève « scolaire »
AS : année spécial

DUT carrières sociales (suite)

27 Evreux IUT 02 32 29 15 03 opt 3: S
31 Blagnac IUT 05 62 74 75 75 opt 5: S
33 Bordeaux IUT Bordeaux Montaigne 05 57 12 20 44 opt 1: S, opt 4: S
34 Montpellier IUT 04 99 58 50 40 opt 5: S
34 Montpellier UFR4 de sciences économiques, mathématiques et sociales 04 67 14 23 42 opt 5: S
35 Rennes IUT 02 23 23 40 00 opt 1: S
37 Tours IUT 02 47 36 75 81 opt 1: S
38 Grenoble IUT 2 04 76 28 45 09 opt 1: S, opt 2: S, opt 3: S
46 Figeac IUT de Figeac 05 65 50 30 60 opt 1: S, opt 3: S
49 Cholet IUT d'Angers 02 44 68 88 80 opt 2: S, opt 3: S
51 Châlons-en-Champagne IUT 03 26 21 81 83 opt 1: S
59 Tourcoing IUT B 03 20 76 25 00/03 20 76 25 97 opt 1: S, opt 3: S AS, opt 4: S
61 Damigny IUT 02 33 80 85 00 opt 4: S, opt 5: S
75 Paris IUT Paris 5 01 42 86 47 23/22/24 opt 1: S, opt 2: S
76 Le Havre IUT 02 32 74 46 00 opt 1: S, opt 2: S
77 Lieusaint IUT de Seine et Marne Sud (site Sénart) 01 64 13 44 88 opt 1: S ou A
87 Limoges IUT 05 55 43 44 45 opt 1: S
90 Belfort IUT 03 84 58 77 12 opt 1: S, opt 4: S, opt 5: S
92 Nanterre IUT de Ville d'Avray (Nanterre) 01 40 97 98 27 opt 3: S
93 Bobigny IUT 01 48 38 88 27 opt 1: S, opt 2: S, opt 4: S
972 Fort-de-France CFA Tertiaire de la CCI de Martinique 05 96 61 61 32 opt 1: A
972 Schoelcher IUT - Pôle Martinique 05 96 72 73 65 opt 1: A
973 Cayenne IESG opt 1: S
974 Saint-Pierre IUT de St-Pierre 02 62 96 28 70 opt 2: S

LICENCES PROFESSIONNELLES

Sont présentées ici les licences professionnelles du secteur social. Pour chacune est indiqué l'établissement proposant la formation (en violet), suivi de la commune (en noir).

ACTION ÉDUCATIVE - ÉDUCATION SPÉCIALISÉE

■ Intervention sociale:

- responsable des services d'accueil petite enfance ITSRA Clermont-Ferrand techniques d'intervention et d'animation psychosociale auprès des publics Tours Tours
- travail social et conduite de projet: assistance sociale et éducation spécialisée Paris 13 Bobigny
- usages socio-éducatifs des technologies de l'information et de la communication Rennes 2 Rennes

AIDE AUX PERSONNES

■ Intervention sociale:

- gestion des services d'aide à domicile Paris 5 Paris
- techniques d'intervention et d'animation psychosociale auprès des publics vulnérables Tours Tours
- famille, vieillissement et problématiques intergénérationnelles Besançon Belfort
- management et coordination des services et structures d'aide à la personne âgée UCO d'Angers Guingamp
- accompagnant de personnes avec autisme et troubles apparentés Paris 5 Boulogne-Billancourt
- accueil professionnalisé des publics à besoins spécifiques Amiens Beauvais, Amiens Amiens
- conseil en qualité de vie - vieillissement Lycée Voltaire Wingles, Université de Lille 1 Villeneuve-d'Ascq
- coordination, handicap et vieillissement Angers Angers
- coordonnateur de services gérontologiques Caen Caen
- formateur dans le contexte de publics à besoins spécifiques Mulhouse Mulhouse
- travailleurs sociaux et soignants signeurs Aix-Marseille Aix-en-Provence
- responsable des services d'accueil petite enfance ITSRA Clermont-Ferrand
- professionnels signeurs dans les métiers de l'enseignement, de l'éducation et de l'action sociale Aix-Marseille Aix-en-Provence
- travail social et conduite de projet: assistance sociale et éducation spécialisée Paris 13 Bobigny
- conseil en écriture publique et privée, écrivain public Paris 3 Paris
- directeur de structure de services à la personne Caen Damigny

■ Management des organisations:

- responsable de structures enfance, petite enfance Aix-Marseille Aix-en-Provence
- administration et encadrement du service à la personne Besançon Besançon
- management commercial des biens et des services Orléans Bourges A
- management de l'aide à la personne Évry Évry A

■ Santé:

- management des services d'accompagnement aux personnes handicapées et/ou dépendantes UPEM Serris A

ANIMATION SOCIO CULTURELLE

■ Activités et techniques de communication:

- animation sociale et socioculturelle Besançon Belfort

■ Activités sportives:

- animation et politique de la ville: responsable de structures et de projets Paris 11 Orsay

■ Intervention sociale:

- administration et gestion des organismes et dispositifs de l'animation sociale et socioculturelle UFR4 de sciences économiques, mathématiques et sociales Montpellier
- animation Univ. Toulouse - Jean Jaurès Toulouse
- animation professionnelle, coordination et développement de projets pour l'action sociale, culturelle et socioculturelle Paris 13 Bobigny
- développement social et socioculturel local Paris 5 Paris
- usages socio-éducatifs des technologies de l'information et de la communication Rennes 2 Rennes

DÉVELOPPEMENT SOCIAL - INSERTION PROFESSIONNELLE - INGÉNIERIE SOCIALE

■ Activités sportives:

- développement social et médiation par le sport Besançon Besançon, Paris 10 Nanterre, Reims Reims, Orléans Orléans
- animation et politique de la ville: responsable de structures et de projets Paris 11 Orsay

■ Gestion des ressources humaines

- métiers de la formation, de l'insertion professionnelle et de l'accompagnement-Lorraine Nancy

■ Intervention sociale:

- coordination de projets de développement social et culturel en milieu urbain Univ. Bordeaux Montaigne Bordeaux

• coordination et développement de projets pour les territoires Paris 12 Créteil, Paris 12 Fontainebleau **A**
• coordonnateur des projets territoriaux Grenoble 2 Grenoble
• développement social et socioculturel local Paris 5 Paris
• accompagnement et insertion La Réunion Saint-Pierre, Poitiers Poitiers
• emploi formation insertion Université de Bordeaux Bordeaux
• emploi, territoire et conduite de projet Université du Littoral Côte d'Opale Dunkerque
• métier de la formation individualisée et de l'insertion Rennes 2 Rennes
• métiers du développement social urbain Angers Angers
• conseil en qualité de vie - vieillissement Lycée Voltaire Wingles, Université de Lille 1 Villeneuve-d'Ascq
• coordination, handicap et vieillissement Angers Angers
• coordonnateur de services gérontologiques Caen Caen
• droit et gestion des services de proximité Paris 2 Paris **A**
• gestion de la protection sociale Orléans Bourges
• gestionnaire en intervention sanitaire et sociale en gérontologie UFR5 de sciences du sujet et de la société Montpellier
• intervention sociale Reims Reims
• métiers de la cohésion sociale Université de Valenciennes et du Hainaut Cambrésis Valenciennes
• pratiques de l'intervention sanitaire et sociale Perpignan Perpignan
• responsable d'actions gérontologiques Bretagne occidentale Brest

■ Management des organisations :
• management opérationnel dans la protection sociale Université de Lille 1 Lille

ÉCONOMIE SOCIALE ET SOLIDAIRE

■ Hôtellerie et tourisme :
• tourisme et économie solidaire : entreprises et territoires Avignon Avignon, LA Louis Giraud Carpentras

■ Intervention sociale :
• coordonnateur(trice) de développement de projets d'économie sociale et solidaire Saint-Étienne Saint-Étienne
• métiers de la cohésion sociale Université de Valenciennes et du Hainaut Cambrésis Valenciennes

■ Management des organisations :
• administration et gestion des entreprises de l'économie sociale Reims Reims
• management des organisations de l'économie sociale et solidaire IRTS Saint-Benoît
• économie sociale UPEM Champs-sur-Marne **A**
• gestion des entreprises de l'économie sociale et solidaire et entrepreneuriat Clermont-Ferrand 1 Clermont-Ferrand
• gestion des petites et moyennes associations à caractère social Université de Lille 2 Loos
• gestion des structures de l'économie sociale, gestion des associations Bretagne occidentale Quimper
• management des organisations de l'économie sociale et solidaire La Réunion Saint-Denis
• métiers de la gestion des associations Paris 10 Nanterre **A**
• statistique de la protection sociale Poitiers Niort

GESTION DES STRUCTURES SOCIALES

■ Activités sportives :
• animation et politique de la ville : responsable de structures et de projets Paris 11 Orsay

■ Intervention sociale :
• cadres intermédiaires des établissements sanitaires et sociaux Nice Menton
• coordonnateur de services gérontologiques Caen Caen
• coordonnateur d'équipes, de projets et de services gérontologiques Grenoble 2 Grenoble
• coordonnateur référent en gérontologie Aix-Marseille Aix-en-Provence
• directeur de structure de services à la personne Caen Damigny
• gestion de la protection sociale Orléans Bourges
• gestionnaire en intervention sanitaire et sociale en gérontologie UFR5 de sciences du sujet et de la société Montpellier
• management et coordination des services et structures d'aide à la personne âgée UCO d'Angers Guingamp
• responsable de structures sociales et médico-sociales Université de Bordeaux Périgueux

■ Management des organisations :
• management des organisations de l'économie sociale et solidaire IRTS Saint-Benoît
• administration et encadrement du service à la personne Besançon Besançon
• économie sociale UPEM Champs-sur-Marne **A**
• gestion des entreprises de l'économie sociale et solidaire et entrepreneuriat Clermont-Ferrand 1 Clermont-Ferrand
• gestion des organisations sanitaires et sociales Paris 10 Nanterre
• gestion des petites et moyennes associations à caractère social Université de Lille 2 Loos
• gestion des structures de l'économie sociale, gestion des associations Bretagne occidentale Quimper
• management de l'aide à la personne Évry Évry **A**
• management des organisations de l'économie sociale et solidaire La Réunion Saint-Denis
• management des services sanitaires, sociaux et médico-sociaux Lycée Notre-Dame Paris **A**
• management opérationnel dans la protection sociale Université de Lille 1 Lille
• responsable de structures enfance, petite enfance Aix-Marseille Aix-en-Provence

■ Santé :
• cadres fonctionnels des établissements sociaux et médico-sociaux Université du Littoral Côte d'Opale Boulogne-sur-Mer Université catholique de Lille Lille
• management des services d'accompagnement aux personnes handicapées et/ou dépendantes UPEM Serris **A**

IRTS : institut régional du travail social
IUT : institut universitaire de technologie
A : statut de l'élève « apprenti »
S : statut de l'élève « scolaire »
AS : année spéciale

SITES UTILES

Pour en savoir plus sur les métiers, les études à suivre et les perspectives d'emploi dans le domaine du social.

EMPLOI/MÉTIERS

www.ash.tm.fr

Site de la revue *Actualités sociales hebdomadaires*, qui propose un « Espace étudiants » avec présentation du secteur, fiches métiers, liens utiles, offres d'emploi, conseils pour trouver une formation.

www.emploisocial.net

Site spécialisé dans l'emploi dans le secteur social.

www.lesocial.fr

Portail sur l'actualité du secteur social : formations, informations pour se préparer aux concours, forums thématiques, bourse à l'emploi.

www.social-sante.gouv.fr

Site du ministère des Affaires sociales, rubrique « Métiers et diplômes de travail social » : fiches métiers avec présentation des formations.

ORGANISATIONS PROFESSIONNELLES

www.anas.fr

Site de l'Association nationale des assistants de service social : présentation du métier, législation.

www.apmf.fr

Site de l'Association pour la médiation familiale : présentation du concept de médiation familiale, conseils pour devenir médiateur familial.

www.assistante-maternelle.org

Site du Syndicat professionnel des assistants maternels et assistants familiaux : actualité, réglementation de la profession.

www.emploi.gouv.fr/cnml

Site du Conseil national des missions locales : présentation du réseau et de ses missions.

www.entreprises.gouv.fr/services-a-la-personne

Site du ministère de l'Économie, de l'Industrie et du Numérique, rubrique « Services à la personne » : présentation du secteur et des métiers.

www.france-esf.fr

Site du réseau France ESF (économie sociale et familiale) : présentation de la profession de conseiller en économie sociale et familiale (avec les lieux d'exercice) et offres d'emploi.

www.francemediation.fr

Site du réseau d'acteurs de la médiation sociale : présentation du métier de médiateur social et offres d'emploi.

www.metiers.justice.gouv.fr

Site du ministère de la Justice : fiches métiers avec modalités d'accès, calendrier des concours, annales.

www.ones-fr.org

Site de l'Organisation nationale des éducateurs spécialisés : présentation du métier et de ses conditions d'exercice.

http://psychologues.org

Syndicat national des psychologues : présentation du métier et de ses différentes conditions d'exercice selon les secteurs.

www.sports.gouv.fr/emplois-metiers

Site du ministère des Sports, rubrique « Emplois & Métiers » : présentation des métiers et des formations en animation.

FORMATIONS

www.adapss.fr

Site de l'Association pour le développement de l'apprentissage dans les professions sanitaires et sociales (en Ile-de-France) : règles de l'apprentissage, métiers accessibles et formations correspondantes.

www.unaforis.eu

Site de l'Union nationale des associations de formation et de recherche en intervention sociale, qui représente des établissements de formation en travail social.

RESSOURCES ONISEP

Pour compléter votre information sur les métiers du social et les formations qui y mènent.

LES PUBLICATIONS

→ *Les métiers auprès des enfants*, 2015.
Des infos sur les métiers, les concours de recrutement, les formations et les débouchés.

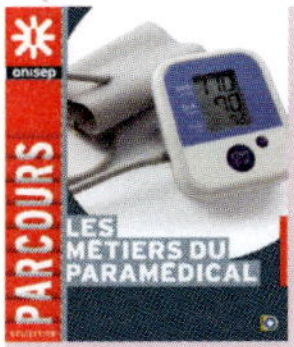

→ *Les métiers du paramédical*, 2014.
→ *Les métiers du médical*, 2014.

Dans ces publications de la collection « Parcours », vous trouverez des professions qui s'exercent dans le domaine du social.

→ *Les métiers du droit et de la justice*, 2011.
→ *Les métiers du sport*, 2014.

Vous avez un profil créatif ou sportif ? Vous envisagez de travailler dans le secteur de la justice ? Ces titres peuvent aussi vous intéresser.

À consulter au CDI des collèges et des lycées ou au centre d'information et d'orientation (CIO). Également en vente sur **www.onisep.fr/lalibrairie**.

LE SITE

onisep.fr

www.onisep.fr pour aller plus loin sur les filières de formation évoquées dans cette publication et pour compléter votre carnet d'adresses des formations.

LES VIDÉOS

onisep tv

Des vidéos à découvrir autour des métiers du social sur **oniseptv.onisep.fr**.

UN SERVICE

mon orientation en ligne.fr

Vous avez encore des interrogations après la lecture de cet ouvrage ? L'Onisep répond personnellement à vos questions. Trois moyens pour nous contacter : par courrier électronique **monorientationenligne.fr** ; par tchat ; par téléphone au 01 77 77 12 25 (appel non surtaxé) ; du lundi au vendredi, de 10 h à 20 h en métropole.

Info+

Rencontrer un conseiller au CIO

Pour réfléchir à votre orientation et recevoir une information personnalisée, n'hésitez pas à prendre rendez-vous avec un conseiller d'orientation-psychologue dans le cadre de la permanence assurée dans les lycées publics ou auprès d'un centre d'information et d'orientation (CIO). Liste des 535 CIO sur **www.onisep.fr**.

LEXIQUE

Au fil de votre lecture, vous avez peut-être rencontré des termes que vous ne connaissez pas. Voici quelques définitions.

Agefiph: Association de gestion du fonds pour l'insertion des personnes handicapées.

Antenne jeunes: structure municipale dédiée à l'accueil, l'information et l'orientation des jeunes de 15 à 25 ans.

Apec: Association pour l'emploi des cadres.

ASE: aide sociale à l'enfance. Sous la compétence des conseils départementaux.

ASSP: (bac pro) accompagnement, soins et services à la personne.

Bac ES : économique et sociale.

Bac L : littéraire.

Bac S : scientifique.

BAFA: brevet d'aptitude aux fonctions d'animateur.

BPJEPS: brevet professionnel de la jeunesse, de l'éducation populaire et du sport.

BTS: brevet de technicien supérieur.

CAF: caisse d'allocations familiales.

CAFDES: certificat d'aptitude aux fonctions de directeur d'établissement ou de service d'intervention sociale.

CAFERUIS: certificat d'aptitude aux fonctions d'encadrement et de responsable d'unité d'intervention sociale.

CAMSP: centre d'action médico-sociale précoce.

CAP: certificat d'aptitude professionnelle.

Cap emploi: organisme qui favorise l'embauche des personnes handicapées dans les entreprises privées ou publiques. Sous la compétence des conseils départementaux.

CCAS: centre communal d'action sociale.

CDAPH: Commission des droits et de l'autonomie des personnes handicapées.

CDD: contrat à durée déterminée.

CDI: contrat à durée indéterminée.

Centre maternel: centre départemental pour les mères isolées d'enfants de moins de 3 ans. Ces femmes sont logées et suivies par des psychologues, des médecins et des assistantes sociales.

CHRS: centre d'hébergement et de réinsertion sociale. Pour les personnes en situation de très grande pauvreté, chômeurs de longue durée...

CIDJ: Centre d'information et de documentation jeunesse.

CMPP: centre médico-psycho-pédagogique. Pour les enfants et adolescents qui ont des difficultés scolaires ou des troubles du comportement.

CMU: couverture maladie universelle.

CPAM: Caisse primaire d'assurance maladie.

CS: (DUT) carrières sociales.

DE: diplôme d'État.

DEAF: diplôme d'État d'assistant familial.

DEAMP: diplôme d'État d'aide médico-psychologique.

DEASS: diplôme d'État d'assistant de service social.

DEAVS: diplôme d'État d'auxiliaire de vie sociale.

DECESF: diplôme d'État de conseiller en économie sociale et familiale.

DEEJE: diplôme d'État d'éducateur de jeunes enfants.

DEES: diplôme d'État d'éducateur spécialisé.

DEETS: diplôme d'État d'éducateur technique spécialisé.

DEIS: diplôme d'État d'ingénierie sociale.

DEJEPS: diplôme d'État de la jeunesse, de l'éducation populaire et du sport.

DEME: diplôme d'État de moniteur-éducateur.

DEMF: diplôme d'État de médiateur familial.

DESJEPS : diplôme d'État supérieur de la jeunesse, de l'éducation populaire et du sport.

DETISF : diplôme d'État de technicien de l'intervention sociale et familiale.

DIU : diplôme interuniversitaire.

DUT : diplôme universitaire de technologie.

ECTS : *European Credits Transfer System*. Système européen de transfert et d'accumulation de crédits qui a pour but de faciliter la lecture et la comparaison des programmes d'études des différents pays européens.

Enap : École nationale d'administration pénitentiaire.

ENPJJ : École nationale de protection judiciaire de la jeunesse.

Esat : établissement et service d'aide par le travail.

ESF : (BTS) économie sociale familiale.

ESI : Espace solidarité insertion.

FAM : foyer d'accueil médicalisé.

Foyer (de vie ou occupationnel) : internat ou semi-internat pour des personnes ne nécessitant pas une surveillance et des soins constants comme dans les MAS.

Foyer de l'enfance : lieu de transition avant un placement en famille d'accueil, en institution (MECS…) ou un retour dans la famille. Séjours de courte durée. Sous la compétence des conseils départementaux.

IME : institut médico-éducatif. Pour enfants et adolescents âgés de 3 à 20 ans présentant des déficiences. Le plus souvent privé et géré par des associations.

IRTS : institut régional du travail social. Centre de formation.

IUT : institut universitaire de technologie.

MAS : maison d'accueil spécialisée. Accueil à temps complet ou partiel de personnes gravement handicapées.

MDPH : maison départementale des personnes handicapées.

MECS : maison d'enfants à caractère social. Placement décidé par les familles, par l'ASE, par le juge des enfants. Séjours de courte ou de longue durée. Sous la compétence des conseils départementaux.

Mission locale : pour les jeunes de 16 à 25 ans sans emploi ni qualification. Mission d'écoute, de conseil et d'orientation.

PAIO : permanence d'accueil d'information et d'orientation.

PJJ : protection judiciaire de la jeunesse.

PMI : protection maternelle et infantile.

PSA : permanence sociale d'accueil.

QCM : questionnaire à choix multiples.

RSA : revenu de solidarité active.

RSE : responsabilité sociale des entreprises.

SPVL : (bac pro) services de proximité et vie locale.

SP3S : (BTS) services et prestations des secteurs sanitaire et social.

STMG : (bac) sciences et technologies du management et de la gestion.

ST2S : (bac) sciences et technologies de la santé et du social.

UEMO : unité éducative en milieu ouvert.

VAE : validation des acquis de l'expérience.

Info

Les données salaires utilisées dans cette publication proviennent de différentes sources. Elles concernent le plus souvent le salaire des débutants. Selon les cas, les salaires sont exprimés en brut (avant prélèvement des cotisations sociales) ou en net (somme que le salarié touche à la fin du mois). Pour aider au repérage :

Salaire équivalent au smic (salaire minimum) : soit 1460 € brut ou 1140 € net en 2015.

Salaire intermédiaire pour le secteur.

Parmi les hauts salaires du secteur.

INDEX

A

B

C

D

E

F

I

J

L

M

P

T

V

onisep • Office national d'information sur les enseignements et les professions • **Ministère de l'Éducation nationale, de l'Enseignement supérieur et de la Recherche** • Publication de l'Onisep : © Onisep mai 2015 • **Directeur de la publication :** George Asseraf • **Directrice adjointe de la publication :** Marie-Claude Gusto • **ÉDITIONS Cross-Média > Chef de département :** Élisabeth Gros • **Adjointe print/numérique :** Stéphanie Desmond-Simon • Rédaction en chef : Carole Gibrat • Rédaction : Marion Lafond, Mélanie Mangialetto, Agnès Millet, Audrey Weymann • Administration éditoriale : Christine Courtois • Secrétariat de rédaction : Julien Retaillaud • Correction : Valérie Doineau • **RESSOURCES DOCUMENTAIRES > Chef de département :** Gilles Foubert • Documentation : Anne-Camille Bazzoli • Ingénierie documentaire : Françoise Brouxel • **FABRICATION > Chef de service :** Marie-Christine Jugeau • Photogravure : Key Graphic (Paris) • Imprimeur : Imprimerie de Champagne (France), sur papier certifié PEFC • **STUDIO > Chef de service et direction artistique :** Bruno Delobelle • Maquette et mise en pages : Corinne Dastot • Iconographie : Brigitte Gilles de la Londe • Reportage photo : Grégoire Maisonneuve • Couverture : Cyril Lauret • **DIFFUSION ET COMMERCIALISATION >** Onisep VPC - 12, mail Barthélemy-Thimonnier, CS 10450 Lognes, 77437 Marne-la-Vallée Cedex 2 • Internet : onisep.fr/lalibrairie • Relations clients : service_clients@onisep.fr • Diffusion-distribution Belin : 27301230 • Code de diffusion Onisep : 901230 • ISSN : code collection 1765-9329 • ISBN papier : 978-2-273-01230-0 • ISBN numérique : 978-2-273-01240-9 • **PUBLICITÉ >** Mistral Média - 365, rue de Vaugirard - 75015 Paris • Tél. : 01 40 02 99 00 • Contacts : Directeur général : Luc Lehéricy (luc.lehericy@mistralmedia.fr) • Directeur commercial : Vivian Favro (vivian.favro@mistralmedia.fr) • Plan de classement Onisep : SOC 20 00 00 • Le kiosque : Social • Dépôt légal : mai 2015 •

PEFC 10-31-2009